Reinhard Mielck

Terminologie und Technologie der Müller und Bäcker im islamischen Mittelalter

Reinhard Mielck

Terminologie und Technologie der Müller und Bäcker im islamischen Mittelalter

ISBN/EAN: 9783845742472
Erscheinungsjahr: 2012
Erscheinungsort: Bremen, Deutschland

www.unikum-verlag.de | office@unikum-verlag.de

Bei diesem Titel handelt es sich um den Nachdruck eines historischen, lange vergriffenen Buches. Da elektronische Druckvorlagen für diese Titel nicht existieren, musste auf alte Vorlagen zurückgegriffen werden. Hieraus zwangsläufig resultierende Qualitätsverluste bitten wir zu entschuldigen.

Reinhard Mielck

Terminologie und Technologie der Müller und Bäcker im islamischen Mittelalter

Terminologie und Technologie der Müller und Bäcker im islamischen Mittelalter.

Inaugural-Dissertation

zur

Erlangung der Doktorwürde

der hohen philosophischen Fakultät

der

Schlesischen Friedrich Wilhelms-Universität zu Breslau

vorgelegt

und mit ihrer Genehmigung veröffentlicht

von

Reinhard Mielck

aus Hamburg.

Sonnabend, den 21. Februar 1914

$11^1/_2$ Uhr im Musiksaal der Universität.

Vortrag:

Das Kapitel über den Müller und Bäcker im Kitâb al-madhal des Ibn al-Ḥâǧǧ († 1336 D.)

und

Promotion.

Druck von J. J. Augustin in Glückstadt und Hamburg.

Gedruckt mit Genehmigung der hohen philosophischen Fakultät
der Königl. Universität Breslau.
Referent: Herr Prof. Dr. Praetorius.
Herr Prof. Dr. Meissner.
Examen rigorosum: 26. Februar 1913.

Terminologie und Technologie der Müller und Bäcker im islamischen Mittelalter.

Die vorliegende Arbeit bildet den Anfang von Studien über das Handwerk und Gewerbe im islamischen Mittelalter. Erst in letzter Zeit hat man begonnen, auch das Wirtschaftsleben im islamischen Mittelalter einer genaueren Untersuchung zu würdigen. Daher kommt es, daß über einen der wichtigsten Faktoren desselben, über Handwerk und Gewerbe, verhältnismäßig wenig bekannt geworden ist. Und dabei bietet gerade dieses des Interessanten genug. Zunächst die Stellung des Handwerks und Gewerbes im wirtschaftlichen Leben der Städte selbst. Aber auch kulturgeschichtlich muß eine nähere Untersuchung der verschiedenen Handwerke manche wertvolle Ergänzung unserer bisherigen Kenntnisse über das städtische Leben im Orient liefern. Wir erhalten dadurch einen Einblick in die Werkstätten der Handwerker; wir lernen ihre Instrumente und die Bearbeitung der Rohstoffe und dgl. mehr kennen, und können uns ferner ein Bild davon machen, in welcher Weise sich der gesamte Handel abgewickelt hat. Dazu kommt noch, daß sich gerade im Handwerk viele Einrichtungen und Sitten aus alter vorislamischer Zeit in die neue Zeit des Islams hinübergerettet haben. Auch das muß interessieren, wie die Grundlehren des Islams auf alle Teile menschlicher Tätigkeit und damit auch auf Handwerk und Gewerbe ausgedehnt werden und wie islamischer Geist allmählich althergebrachte Einrichtungen des täglichen Lebens mehr und mehr durchdringt.

Hier gilt es also noch manche Lücke auszufüllen. Von den verschiedenen Handwerken und Gewerben ist hier zunächst das der Müller und Bäcker herausgegriffen und einer näheren Untersuchung unterzogen. Allerdings wird in dieser Arbeit noch nicht auf alle angedeuteten Probleme eingegangen. So bleiben interessante Fragen, wie z. B. nach der wirtschaftsgeschichtlichen Entwickelung dieser Gewerbe, oder etwa nach der Berufsethik usw. hier noch ausgeschaltet. In alle diese Dinge hineinzuleuchten, muß sich Verfasser für spätere Zeit vorbehalten. Das, was er hiermit veröffentlicht, hat lediglich den Zweck, zunächst einmal die Terminologie und Technologie der Müller und Bäcker festzustellen. Es ist ein Versuch; mehr will und kann diese Arbeit auch nicht sein. Sie beansprucht auch nicht, erschöpfend zu sein. Sie muß Stückwerk bleiben; denn eine erschöpfende Bearbeitung erfordert mehr Zeit, als zur Anfertigung einer Dissertation zur Verfügung stehen kann; dazu ist jahrelanges Sammeln nötig. Aber, mögen auch in dieser Arbeit an vielen Stellen Ergänzungen möglich sein, ich hoffe, sie wird auch so nicht ganz nutzlos sein.

Das hauptsächlichste Material lieferten die arabischen Wörterbücher, vor allen Dingen das übersichtlich nach den verschiedenen Begriffen und Sachen geordnete *Kitâb al-muḫaṣṣaṣ* des Ibn Sîda (Brockelmann, „Gesch. d. arab. Lit." I, 308). Auch in den Kommentaren zu den arabischen Dichtern findet sich manch nützliches Material. Ferner muß uns natürlich ein Werk wie die *Maqâmen* des Ḥarîrî weiterhelfen können; denn es führt uns Bilder aus dem praktischen Leben vor. In letzterer Beziehung sind auch die Erzählungen der „Tausend und eine Nacht" eine unerschöpfliche Quelle. Schließlich müssen außer den vielfach benutzten arabischen Geographen noch besonders einige Kapitel des merkwürdigerweise bisher kaum beachteten *Kitâb al-madḫal* des Ibn al-Ḥâǧǧ (Brockelmann a. a. O. II, 83) als Fundgrube für unsere Zwecke genannt werden. Alles, was sonst noch an Quellen, besonders auch aus Werken europäischer Gelehrter, vom

Verfasser herangezogen worden ist, wird man jedesmal besonders angegeben finden.

Großen Dank schulde ich Herrn Professor PRAETORIUS in Breslau für manche wertvolle Ergänzung und besonders für viele Verbesserungen. Des weiteren bin ich Herrn Professor BECKER in Bonn zu großem Danke verpflichtet, der mich zuerst angeregt hat, mich mit dem islamischen Handwerk und Gewerbe zu beschäftigen. Herrn Professor HESS, bisher in Cairo, jetzt in Zürich, danke ich für verschiedene Mitteilungen.

NB. Sind die arabischen Ausdrücke nur genannt, so sind sie in moderner Form transskribiert; bei allen durch Doppelpunkt kenntlich gemachten Zitaten ist dagegen die Transskription in klassischer Form (also mit *'Irâb*) durchgeführt.

A. Der Müller.

Im islamischen Mittelalter haben wir an Mühlenarten zu unterscheiden:

1. Handmühlen,
2. Wassermühlen,
3. Tiermühlen,
[4. Windmühlen].

1. Die Handmühle.

Die Handmühle, die in derselben Form, wie wir sie schon bei den älteren Schriftstellern beschrieben finden, auch heute noch gebraucht wird, ist verhältnismäßig einfach, zeigt jedoch gegenüber den ganz primitiven Mühlen, oder besser Reibesteinen, wie wir sie bei den sogenannten Naturvölkern finden,[1]) einen bedeutenden Kulturfortschritt. Das Wort *raḥàn*[2]) bezeichnet ursprünglich nur diese Handmühle,[3]) da man anfangs ja auch nur diese kannte, später, als auch andere Arten von Mühlen in Gebrauch kamen, wurde es der allgemeine Ausdruck für „Mühle" überhaupt, so daß die Lexikographen genötigt waren, um die Handmühle zu bezeichnen, das Wort *jad* hinzuzufügen: *raḥà 'l-jadi*, z. B. Ibn Sîda, *Kitâb al-muḫaṣṣaṣ* XIII, 51 s. v. *qaʿsarî*.

---

[1]) Stuhlmann, „Handwerk und Industrie in Ostafrika", S. 22.

[2]) Fränkel, „Aramäische Fremdwörter" S. 33. Anm. und S. 63; Růžička, „Die Wurzel rʿ in den semitischen Sprachen", in ZA XXV, 1911, S. 120.

[3]) Wiedemann, „Beiträge zur Geschichte der Naturwissenschaften", in „Sitzungsberichte der physikalisch-medizinischen Sozietät in Erlangen", XII S. 223.

Die Handmühle ist bereits kurz beschrieben bei FREYTAG, „Einleitung“ S. 228 und JACOB, „Beduinenleben“ S. 88.[1]) Sie besteht aus zwei kreisrunden, ziemlich dicken aufeinanderruhenden Steinen, teils beide von dem gleichen, teils der untere von etwas größerem Durchmesser, so daß er also mit seinem Rande häufig über den oberen hinübergreift (s. Abb. in „Jewish Encyclopedia“ V S. 420). Die Oberfläche des unteren Steines ist ein wenig konvex, die untere Fläche des oberen ein wenig konkav (RIEHM, „Handwörterbuch des bibl. Altertums“ (1884) II, 1027; WEISS, „Kostümkunde des Altertums“ I, S. 164). Besondere Namen für den oberen und unteren Mühlstein gibt es nicht, sie werden einfach: *al-ḥaǵaru 'l-'a'là* und *al-ḥaǵaru 'l-'asfalu* (*Ḥamâsa* ed. FREYTAG I, 54, Kommentar auch: *aṭ-ṭabaqu*[2]) *'l-'asfalu* und: *aṭ-ṭabaqu 'l-'a'là*) oder auch: *ar-raḥà 'l-'uljâ* und *'s-suflà* (*Lisân el-'Arab* II, 175 s. v. *qṭb*) genannt.[3]) Nach *Lisân* (XIII, 89, Z. 15) und Ǧauharî, *Ṣiḥâḥ* (II, 161) soll allerdings manchmal *ṯifâl* in der Bedeutung „unterer Mühlstein“ gebraucht werden.[4])

---

[1]) Die Beschreibung bei v. OPPENHEIM, „Vom Mittelmeer zum persischen Golf“ II, S. 125 ist falsch. Eine Mühle in der dort beschriebenen Form ist außerdem technisch unmöglich. — Über die Handmühle bei den Hebräern vgl. „Jewish Encyclopedia“ s. v. „Flour“; LÖWY, „Terminologie und Technologie der Müller und Bäcker in den rabbinischen Quellen“, S. 12 f.

[2]) Wie mir Herr Prof. HESS in Kairo freundlichst mitteilt, wird noch heute bei den Beduinen der Mühlstein *ṭebâqe* genannt. Über zwei andere Bedeutungen des Wortes *ṭabaq* wird w. u. zu handeln sein.

[3]) So ist es bis auf den heutigen Tag geblieben. MUSIL, „Arabia petraea“ III, 145 gibt dafür *farde 'alja*, *'âli*, *'elji*, und dementsprechend *farde taḥta*, *safel*, *sifli* an. Graf von MÜLINEN, „Beiträge zur Kenntnis des Karmels“, in ZDPV XXX, 1907, S. 161, hat *el-fōqa* und *et-taḥta*.

[4]) Nach FREYTAG, „Einleitung“ S. 228 stets so. FREYTAG, der hauptsächlich Maidânî herangezogen hat, scheint diese Behauptung auf seine „Arabum proverbia“ II, 136 Nr. 180 zu stützen (dort *ṯifâl* auch durch „inferior lapis“ übersetzt). *Ṯifâl* ist aber auch hier die unter die Mühle gelegte Matte, die von dem durch die Rotation des oberen hin- und herzitternden unteren Mühlstein „gerieben“ wird. Der Vergleich wird durch letztere Auslegung auch lebhafter. Ebenso möchte ich auch den Vers des Zohair („Dîwân d. Zuhair“ ed. LANDBERG S. 88 u. 118; *Mu'allaqât* ed. ARNOLD S. 79 und *Ṣiḥâḥ* II, 161 erklären.

In der Mitte des unteren Steines ist eine meist eiserne[1]) Achse *quṭb*[2]) (auch *qaṭb, qiṭb, quṭub*) eingelassen (Ibn Sîda XIII, 50, *Lisân* II, 175; *Ḥamâsa* ed. FREYTAG I, 54 Vers und Komment.), um die sich der mit einer in der Mitte befindlichen kreisrunden Öffnung[3]) versehene obere Mühlstein dreht.[4]) Diese Öffnung, durch die der *quṭb* hindurchgeht, und die meist ziemlich weit ist,[5]) dient zugleich zur Aufnahme des Getreides (WEISS, „Kostümkunde des Altertums" I, 164); daher der Ausdruck *fam ar-raḥà*. Eine andere Benennung für diese Öffnung ist *ḫurr* (*Ṣiḥâḥ* I, 312; *Lisân* V, 318), *ḫurrî* (ebenda) und *ḫurtî* (Ibn Sîda XIII, 51; *Lisân* XX, 129 Z. 2 s. v. *lhw*, VI, 421 s. v. *qaʿsarî*).[6]) Auch *lahwa* kommt dafür vor (*Ṣiḥâḥ* I, 312 s. v. *ḫurr; Lisân* V, 318 s. v. *ḫurr*). Letzteres bezeichnet auch, ebenso wie *luhwa* das Getreide, das mit der Hand in die Öffnung des Mühlsteins geworfen wird (Ibn Sîda XIII, 50; *Lisân* XX, 128; *Ṣiḥâḥ* II, 546; *Ḥamâsa* ed. FREYTAG I, 401 Komment.; Har.

---

[1]) *quṭb* wird gewöhnlich durch *al-ḥadîda* erklärt. In Nordafrika ist diese Achse aus Holz, vgl. HANOTEAU-LETOURNEUX, „La Kabylie et les coutumes Kabyles" S. 553, STUHLMANN, „Ein kulturgeschichtlicher Ausflug in den Aures" S. 103.

[2]) Nach MUSIL a. a. O. III, 145 bei den nordarabischen Beduinen heute *el-qalb* genannt. Auch Herr Prof. HESS gibt mir als Ausdruck für diesen eisernen Zapfen bei den Beduinen in Ägypten *qalb er-raḥà* an. Als speziellen Ausdruck für Achse der Mühle kann ich das Wort aus der klassischen Literatur noch nicht belegen.

[3]) In dem Mittelloche des oberen Mühlsteins sind laut Mitteilung von Prof. HESS „zwei Hölzer quer gelegt, zwischen denen der Zapfen zu liegen kommt, diese Hölzer heißen *el-krûbe* (الكربة)."

[4]) Die gewöhnlichste Erklärung von *quṭb* als: *al-qâʾimatu ʾllati tadûru ʿalaiha ʾr-raḥà* läßt noch eine andere Möglichkeit zu, nämlich, daß die Achse durch den oberen Mühlstein nicht hindurchgeht, sondern nur in denselben eingreift. Obige Beschreibung wird aber durch *Lisân* II, 175: *quṭbu ʾr-raḥà ʾllati tadûru ḥaulaha ʾl-ʿuljâ* gestützt; ebenso *Ḥamâsa* ed. FREYTAG I, 54.

[5]) Vgl. dazu die Beschreibung der Handmühlen arabischen Ursprungs in Ostafrika bei STUHLMANN, „Handwerk und Industrie in Ostafrika" S. 108.

[6]) Siehe auch FREYTAG, „Einleitung" S. 228.

Maq. ed. REIN.-DÉRENB. 157 Komment.);[1]) es hat sowohl *lahwa* als auch *luhwa* vornehmlich auch quantitativen Sinn (Komment. zur *Muʿall.* des ʿAmr b. Kultûm Vers 31, ed. ARNOLD S. 128: *al-luhwatu 'l-qubḍatu mina 'l-ḥabbi tulqà fî fami 'r-raḥà;* Ḥar. *Maq.* ed. REIN.-DÉRENB. S. 235 Komment.: *luhwatun . . . . al-qubḍatu mina 'ṭ-ṭaʿâmi tuǧʿalu fî fami 'r-raḥà*).

Als Handhabe zum Drehen ist am oberen Mühlstein nahe am Rande in einem *ḫarq ar-raḥà*[2]) genannten Loche ein Griff aus Holz[3]) angebracht. In den Wörterbüchern finden wir dafür eine ganze Reihe verschiedener Bezeichnungen, *râ'id* (Ibn Sîda XIII, 50; *Lisân* IV, 174), *zurnûk* (FREYTAG, „Einleitung" S. 228; *Lisân* XIII, 320), *maqbiḍ* (*Lisân* IV, 174 s. v. *râ'id*), *qaʿsarî* (*Lisân* VI, 421;[4]) V, 318 Z. 5 u. 6; *Ṣiḥâḥ* I, 312 s. v. *ḫurr*;[5]) Ibn Sîda XIII, 51), *ḫuḏrûf* (*Lisân* XVII, 408; Ibn Sîda XIII, 51); die mit einem solchen Griff versehene Mühle *raḥàn muḫaḏrafa* genannt (Ibn Sîda, ebenda). Auch *jad ar-raḥà*[6]) (*Lisân* IV, 174 s. v. *râ'id*). Nach FREYTAG, „Einleitung" S. 228 auch *milṭâṭ*.[7])

[1]) Das entsprechende Verbum: *'alhà 'r-raḥà, li-'r-aḥà* und *fî 'r-raḥà* (*Lisân* XX, 128); auch *lahhà*, cf. DOZY, Suppl. II, 553. — Nach Graf von MÜLINEN a. a. O. S. 161 wird das Loch in der Mitte des oberen Mühlsteines auch *ḥalqa* genannt.

[2]) Vgl. z. B. *Lisân* XVII, 408 s. v. *ḫuḏrûf*, Ibn Sida XIII, 51.

[3]) Stets als *ḫašab* oder *ʿûd* erklärt; vgl. auch WEISS, „Kostümkunde des Altertums" I, S. 164. In Nordafrika kommen auch Handmühlen vor, bei denen der Griff durch eine Bastschlinge ersetzt ist. (Vgl. die Abb. bei STUHLMANN, Aures S. 102). Im östlichen Teil der islamischen Welt scheint diese Art unbekannt zu sein; wenigstens wird in der arabischen Literatur, soweit ich bis jetzt habe feststellen können, eine solche Vorrichtung nicht erwähnt.

[4]) An dieser Stelle besonders als Griff „der kleinen Mühle, bei der vermittelst der Hand gemahlen wird."

[5]) Auch hier besonders als Griff der „Handmühle" bezeichnet.

[6]) Auch heute wird noch bei den Beduinen nach Mitteilung von Prof. HESS der Handgriff der Mühle einfach *el-jad* genannt. Graf von MÜLINEN a. a. O. S. 161: *îd*.

[7]) Im *Lisân* und den anderen Wörterbüchern ist diese Bedeutung nicht enthalten, dagegen wird dort (z. B. *Ṣiḥâḥ* I, 564 Z. 3) *milṭâṭ* durch: *raḥà 'l-bazri* erklärt. — Bei den nordarabischen Beduinen heute: *el-hâdi,*

Das zerriebene Getreide, das durch die Rotation des oberen Mühlsteins von selbst ausgeworfen wird und bei dem Mehl und Kleie noch miteinander vermischt sind, nennen die Araber *nafî* (*Lisân* VI, 421 s. v. *qaʿsarî;* Ibn Sîda XIII, 51).[1]) Das Auswerfen des Getreides durch die Mühle *nafà* (*Lisân* ebenda).

Um das zerriebene Getreide aufzufangen und es vor der Berührung mit dem Erdboden zu schützen, wird unter der Mühle eine Matte *ṯufl, ṯifâl, ṯifâla* ausgebreitet (Freytag, „Einleitung" S. 228; Jacob, „Beduinenleben" S. 88; *Lisân* XIII, 89; *Ṣiḥâḥ* II, 161; Ibn Sîda XIII, 50; *Septem Moʿallaḳât* ed. Arnold S. 79 u. 128 Komment.; Dîwân des Zuhair ed. Landberg S. 85, Komment.). Der *ṯifâl* bestand in der Regel aus einem Stück Leder oder Fell; die Erklärung lautet stets *ǧild.*[2]) Nach *Lisân* XII, 352 Z. 6 s. v. *ʿrk* wird die Mühle nicht auf den *ṯifâl* gestellt, sondern es wird ein Fell als *ṯifâl* rund um die Mühle herumgelegt. Ersterer Brauch ist aber häufiger; letzteres geschieht bei großen Mühlen, bei denen der untere Mühlstein ständig am Boden befestigt ist.[3]) Vgl. dazu auch Kommentar zum Dîwân des Zuhair (ed. Landberg) S. 85 u. 118: *wa-maʿahâ ṯifâluhâ 'au taḥtahâ ṯifâluhâ.* Nach Freytag, „Einleitung" S. 228 wurden auch *sufra* genannte Decken aus Palmblättern dazu verwendet. Zur Vermeidung

---

qajed, faráše (Musil a. a. O. III, 145). Im heutigen Ägypten nur *'îd er-raḥâja* und *maqbiḍ* (Mitteilung des Lektors Zeid Efendi am Seminar für Geschichte und Kultur des Orients in Hamburg). — Das Mahlen mit der Handmühle ist sehr mühevoll und anstrengend (Jacob, „Beduinenleben" S. 88; Wetzstein in „Zeitschrift für Ethnologie" XIV, 1882, S. [465] Anm.). Nach Oppenheim, „Vom Mittelmeer zum persischen Golf" II, 126 erfordert es mehrere Stunden. Die primitive Art der Mühle ermöglicht natürlich auch nur ein grobes Mahlen (ebenda). — Das Getreide wird, auch bei den Beduinen, vor dem Mahlen gewaschen und an der Sonne getrocknet. (Mitteilung von Prof. Hess); vgl. dazu auch Wetzstein, „Die Siebe in Syrien", in ZDPV. XIV, 1891, S. 3.

[1]) *Ṣiḥâḥ* I 312 s. v. *ḫurr* erklärt *nafî* als *ṭaḥin.*

[2]) Auch nach Mitteilung von Prof. Hess ist der *ṯifâl* ein Leder.

[3]) s. darüber w. u. Cap. über die von Tieren getriebene Mühle.

einer Beschmutzung des *ṯifâl* durch Staub oder Feuchtigkeit legte man unter denselben noch eine zweite Matte oder ein Tuch. Der Ausdruck hierfür ist *wifâḍ* (Ibn Sîda XIII, 50; *Lisân* XIII, 89).[1]

Für die Herstellung der Mühle, so wie sie DOUGHTY I, 405[2]) beschreibt, haben die Araber den Ausdruck *zallama* (LANE, Lex.; *Lisân* XV, 162 Z. 1: *zallamtu 'l-ḥaǧara 'ai qaṭa'tuhu wa-'aṣlaḥtuhu li-'r-raḥà*).[3]) Eine „Mühle herstellen" auch *raḥà* (*Lisân* XIX, 26).

Die Mühlen wiesen hinsichtlich der Qualität der Ausführung als auch des verwendeten Materials je nach den Gegenden[4]) sicher große Unterschiede auf, wodurch das Getreide auch je nachdem zu gröberem oder feinerem Mehl zerrieben wurde.[5]) Die arabischen Wörterbücher weisen denn auch neben *raḥàn* noch das Wort *miǧašš* auf (*Ṣiḥâḥ* I, 486, *Lisân* VIII, 161). Daß es sich hierbei um eine Handmühle handelt, ist anzunehmen, doch scheint das Wort dem Ausdruck *raḥàn* nicht direkt synonym zu sein. Sie wird als „kleine" Mühle beschrieben, die nur grob mahlt;[6]) also wahrscheinlich eine Handmühle, die wegen der schlechten Art ihrer Herstellung kein feines Mehl liefern konnte. Andererseits wird *miǧašš* aber auch an den angeführten Stellen als eine Mühle bezeichnet, die zur Herstellung des *ǧašîš*[7]) dient. Demnach ist nicht ausgeschlossen, daß es sich gar nicht einmal um eine eigentliche Mühle, sondern nur um Reibesteine

---

1) Nach WIEDEMANN, Beiträge VI, 48 ist *wifâḍ* = *ṯifâl*.

2) Nach JACOB, „Studien in arabischen Dichtern" I, S. 32. Die Herstellung der Mühlsteine ist in späterer Zeit ein besonderes Gewerbe, cf. SCHURTZ, „Das Basarwesen als Wirtschaftsform" in „Zeitschrift für Sozialwissenschaft" Bd. IV S. 145 ff.

3) Über eine andere Bedeutung dieses Wortes s. w. u.

4) Vgl. dazu z. B. Idrîsî Text S. 118 Z. 10 ff; Übers. S. 138.

5) Auf bessere Ausführung deutet vielleicht: *ṭabaqu 'r-raḥà, Ḥamâsa* ed. FREYTAG I, 54, Comment. hin.

6) FREYTAG, „Einleitung" S. 228. *Ṣiḥâḥ* I, 486: *ǧašaštu 'l-burra wa-'aǧšaštuhu 'iḏâ ṭaḥantahu ṭaḥnan ǧalîlan.*

7) Hierüber, sowie über *maǧšûš* s. w. u. Vgl. zu obigem auch LANE, Lex.

handelt, etwa entsprechend den Mühlen, wie wir sie bei den niederen Völkern finden und wie sie z. B. Stuhlmann a. a. O. S. 22 beschrieben hat. In Arabien kommen derartige Reibesteine in besserer Ausführung noch in späterer Zeit vor, cf. Niebuhr, „Beschreibung von Arabien" S. 51 (Abb. ebenda Tafel I Fig. H.) und Musil, „Arabia petraea" III. 145. Auch die Möglichkeit, daß es sich um eine Art Stampfmörser handelt, ist nicht ausgeschlossen. Auch derartige Instrumente werden noch heute von den Beduinen benutzt (v. Oppenheim, „Vom Mittelmeer zum persischen Golf" II, 125). Vielleicht dürfen wir auch das Wort *milṭâṭ*, das die Wörterbücher als: *raḥà 'l-bazri* erklären (*Lisân* IX, 267 Z. 6; *Ṣiḥâḥ* I, 564 Z. 3), das wir aber später auch noch in einer anderen Bedeutung kennen lernen werden, dem Ausdruck *miǵašš* gleichsetzen.

Daneben nennen die Lexikographen noch eine Mühle *raḥàn damûk* oder *damakma* (*Ṣiḥâḥ* II, 134, *Lisân* XII, 312, Ibn Sîda XIII, 50), die nach ihrer Beschreibung „intensiv" mahlt: *sarîʿatu 'ṭ-ṭaḥni* und: *šadîdatu 'ṭ-ṭaḥni.*

Ist die Mühle durch längeren Gebrauch abgenutzt, d. h. sind durch das ständige Aneinanderreiben die rauhen Oberflächen der Mühlsteine zu sehr abgeschliffen, so werden sie mit einem *birṭîl* (*Lisân* XIII, 53, 54; ZDMG XLVI, S. 184 Vers 25) oder *minqar* (ZDMG XLVI, S. 184 Vers 25) genannten Instrument wieder rauh gemeißelt. Der Ausdruck hierfür ist *naqara* (*Lisân* VII, 85 und XIII, 53 s. v. *brṭl*).[1])

---

[1]) Jacob, „Beduinenleben" 2. Ausg. S. 246 nennt *birṭîl*, das nach FAF, S. 84 auch „Spitzhammer" heißt, einen Meißel, mit dem die Mühlsteine „zugehauen" werden. Er stützt sich dabei auf einen Vers aus dem berühmten Gedicht *Bânat Suʿâd* des Kaʿb b. Zuhair (cf. „Delectus veterum carminum arabicorum" ed. Noeldeke S. 112 Vers 24). Das Glossar gibt dort allerdings die Erklärung: scalprum ferrum longum et acutum, quo lapides molares aptantur, also „zugehauen" und „in gleichmäßige Form gebracht" werden. Gewiß mag dieses Instrument auch bei der Herstellung der Mühlsteine benutzt worden sein; in den Wörterbüchern wird es aber in obigem Sinne erklärt; in gleicher Weise auch Ṭab. Gloss. („naqqâr" is qui „janqur er-raḥā" lapides molares perforat") und Lane

Das eigenartige, eintönige Geräusch, das die in Tätigkeit befindliche Handmühle hervorruft, hat den Arabern Veranlassung gegeben, eine ganze Reihe von besonderen Ausdrücken dafür zu bilden, *ḥafîf*, *saḥîf* (Ibn Sîda XIII, 50; *Lisân* XI, 45; *Ṣiḥâḥ* II, 31), *ǧaʿǧaʿa* (Ibn Sîda XIII, 50; *Ṣiḥâḥ* I, 581; auch „Arabum proverbia" ed. Freytag I, S. 282; Ḥar. *Maq.* ed. Rein.-Dérenb. 301, Komment.) und ferner „1001 Nacht", Bresl. XII, S. 257 *karkara* (in dieser Erzählung soll durch das Geräusch der Mühle der Donner nachgeahmt werden)

Die Handmühle hat ihre Bedeutung durch das ganze islamische Mittelalter hindurch bis in die Neuzeit behalten. Noch heutzutage wird sie überall im ganzen islamischen Orient im Haushalte benutzt.

Bei den Nomaden hat sich dafür auch noch die alte Bezeichnung *raḥàn* bis auf den heutigen Tag erhalten, in Syrien [1]) sowohl als auch in Ägypten. [2]) In manchen Gegenden ist das Wort verdrängt durch das gleich zu besprechende *ṭâḥûn*. [3]) In den Dörfern Syriens heißt sie heute *ǧârûša* [4]) (Dozy, Suppl. I, 186; Weissenbach, „Die arabische Nominalform *Fâʿûl*" S. 75 Anm.; Riehm, „Handwörterbuch des bibl. Altertums" (1884) II, 1027; Jaussen, „Coutumes des Arabes au Pays de Moab" 65 f. Anm.; Wetzstein, in ZDPV XIV, 1891, S. 4 Anm.; derselbe in „Zeitschrift für Ethnologie"

Lex. Vgl. auch Löwy, „Technologie und Terminologie der Müller und Bäcker in den rabbinischen Quellen" S. 12 f. — Im Modernägyptischen ist der Ausdruck für das Instrument *ʾazmîd* (Mitteilung des Lektors Zeid Efendi am Hamburgischen Seminar für Geschichte und Kultur des Orients.)

[1]) Musil a. a. O. gibt als Bezeichnung dafür bei den Beduinen: *erḥa* und *erḥi*.

[2]) Nach Mitteilung von Prof. Hess.

[3]) z. B. Palästina (cf. Jäger, „Das Bauernhaus in Palästina" S. 33; Graf von Mülinen, „Beiträge zur Kenntnis des Karmels", in ZDPV XXX, 1907, S. 161).

[4]) In Ägypten ist das Wort unbekannt (Lektor).

XIV, 1882, S. (465) f.),[1]) doch ist auch dort der schon erwähnte Ausdruck *ṭâḥûna* gebräuchlich (Riehm, a. a. O. II, 1027). Sie dient nach Wetzstein heutigentags auch zu anderen Zwecken als zur Herstellung des Mehls: (ZDPV XIV, 1891, S. 4 Anm.) „zum Mahlen der Terebinthen-Nüsse *(bizr el-buṭm)*, welche ein Speiseöl, und der Ricinuskörner *(bizr el-chirwa)*, welche das Brennöl der Bauern liefern", ferner auch („Zeitschr. für Ethnologie" XIV, 1882, S. (465) f.) zum Zerreiben von Lavaschlacken für die Töpferei.

2. Die Wassermühle.

Auf ihren Eroberungszügen lernten die Araber neue und leistungsfähigere Mühlen kennen; neue Benennungen dringen in den Wortschatz ein. Syrien und das Zweistromland lieferte ihnen die Wassermühle.[2]) In Syrien war sie allgemein in

---

[1]) Dazu Anm.: „Die syrische Handmühle ist noch ganz die des semitischen Altertums und bei den Nomaden hat sich ihr biblischer Name *reḥa* erhalten. Sie besteht aus zwei Basaltsteinen von je 5 Finger Dicke und einem Durchmesser von 40, bei den Nomaden oft weniger als 32 cm. Ihre sonstige Einrichtung ist bekannt. Die Mühle allein macht das Leben der Bäuerin und Nomadin zu einem mühseligen." Riehm, „Handwörterbuch" II, 1027 gibt etwas andere Maße an; für den Durchmesser: in den Dörfern 48 cm, bei den Nomaden 44 cm; für die Dicke: ursprünglich 10, abgenutzt oft nicht mehr als 5 cm. — Eine genaue Beschreibung der *ṭâḥûna* genannten Handmühle der palästinensischen Bauern findet sich bei Jäger, „Das Bauernhaus in Palästina" S. 33 (Abb. Tafel V), einer Mühle aus Mosul bei Wiedemann, „Beiträge" VI, 42. — Der Vollständigkeit halber möchte ich hier auch noch die Maße der heutigen Handmühle im westlichen Nordafrika nach der Beschreibung von Hanoteau-Letourneux a. a. O. S. 553 angeben: sie besteht aus zwei Steinen aus Kalksandstein von 0,4 m Durchmesser. Die Oberfläche des unteren Mühlsteines hat in der Mitte ein Loch von 0,04 m Weite, in das eine hölzerne Vertikalachse von 0,3 m eingelassen ist. Der obere Mühlstein hat die Form eines abgestumpften Kegels und ist in der Mitte durchbohrt, so daß er die hölzerne Achse des unteren Mühlsteines hindurchläßt. Ein Holzpflock, der an diesem Mühlstein befestigt ist und mit der horizontalen Fläche einen Winkel von 45—50° bildet, dient dazu, ihn in Bewegung zu setzen.

[2]) In Ägypten sind nach „Descr. de l'Eg." XII, 431 Wassermühlen noch bis auf den heutigen Tag unbekannt. (Lektor bestätigt dies).

Gebrauch, cf. MUSIL, „Arabia Petraea“ I, 132, 133, 243, 255, II[1], 44, 151, 273, II[2], 160. Noch heute deuten Ortsnamen darauf hin (MUSIL a. a. O. II[1], 332, II[2], 220: *wâdî aṭ-ṭâḥûne*, II[2], 222: *ʿain aṭ-ṭâḥûne*). Die Kenntnis davon haben die Araber allerdings schon in alter Zeit gehabt. In einem Gedichte der *Ḥamâsa* (ed. FREYTAG I, 702) wird eine: *raḥà ʾl-mâʾi* genannt.[1]) In dem früher wasserreicheren Südarabien sind solche wohl auch schon in alter Zeit benutzt worden. In anderen Teilen Arabiens sind Wassermühlen erst später eingeführt worden, und auch dann nur vereinzelt.[2]) So erwähnt Wâqidî als besonderes Ereignis des Jahres 888 die „Anlage einer Wasserleitung mit einer Wassermühle (in Medina), da man bis dahin nur der Handmühle sich bedient hatte“ (WÜSTENFELD, „Geschichte der Stadt Medina“ S. 98).

Einen besonderen Ausdruck, der speziell die Wassermühle bezeichnet, kann ich nicht belegen. Ursprünglich hat aber sicher *ṭâḥûn*[3]) und *ṭâḥûna* diese Bedeutung gehabt. FRÄNKEL, A. F. S. 33 sagt, die ganz aramäische Bildung *ṭâḥûn* (vgl. auch WEISSENBACH, „Die arabische Nominalform *Fâʿûl*“ S. 75 f.) sei wohl zunächst in aramäischer Gegend aufgenommen worden, wenn sie sich auch von da in die anderen Dialekte verbreitet habe. Diese Ansicht ist sicher richtig. In der alten Literatur fehlt *ṭâḥûn*. Die Übernahme dieses Wortes wurde erleichtert durch das Vorhandensein der Wurzel *ṭḥn* im Arabischen.[4]) Die Araber übernahmen aber nicht nur das Wort selbst, sondern auch den Gegenstand, den dieses Wort bezeichnete, und das war eben die Wassermühle. Die arabischen Wörterbücher geben dann auch noch die

[1]) S. auch FREYTAG, „Einleitung“ S. 228.

[2]) NIEBUHR, „Arabien“ S. 217, berichtet z. B., daß er in ganz Arabien keine Wassermühle gesehen habe.

[3]) Auch als Femininum gebraucht, cf. SOBERNHEIM, „Syrie du Nord“ („Matériaux pour un corpus“ ed. VAN BERCHEM Bd. II) S. 136 Anm.; ferner z. B. Ibn al-Ḥâǧǧ, *Kitâb al-madḫal* III, S. 111 ff.

[4]) Vgl. was WEISSENBACH, a. a. O. S. 60 über *nâʿûr* sagt; dasselbe trifft bei *ṭâḥûn* zu.

Erklärung: *allatî tadûru bi-'l-mâ'i* für *ṭâḥûna* an (Ibn Sîda XIII, 50; *Lisân* XVII, 134)[1]); *Lisân* a. a. O. hat dafür auch *ṭaḥḥâna*. In der speziellen Bedeutung Wassermühle findet sich *ṭâḥûna* an einer Stelle bei Belâḏorî ed. de Goeje, S. 118: *fa-'qtatalû qitâlan šadîdan ḥattà ǵarati 'd-dimâ'u fi 'l-mâ'i wa-ṭaḥanat biha 't-ṭâḥûnatu.*[2]) *Ṭâḥûn* wird dann schon sehr bald das allgemeine Wort für „Mühle",[3]) also auch „Handmühle". Es wird einfach = *raḥàn*, und *raḥàn* und *ṭâḥûna* gehen dann vollkommen durcheinander als Ausdruck bald für die eine, bald für die andere Mühlenart.[4]) In der Bedeutung „Handmühle" finden wir *ṭâḥûn* dann auch in den Erzählungen der „1001 Nacht", Bresl. I, 91[5]) und V, 290[6]) — in beiden Erzählungen kann es sich nur um die kleine transportfähige Handmühle handeln — oder auch in der Bedeutung einer durch Tiere getriebenen Mühle (z. B. ebenda II, 262; Macn. I, 720, II, 392). So wird das Wort auch stets von Ibn al-Ḥâǧǧ, *Kitâb al-madḫal* III, 111 ff. gebraucht. Ferner bezeichnet *ṭâḥûn* auch den ganzen Raum, oder das ganze Gebäude, in dem sich die Mühle befindet, mit allem

---

[1]) Auch noch im Vulgärarabischen soll nach Weissenbach a. a. O. S. 75 *ṭâḥûn* als spezieller Ausdruck für „Wassermühle" vorkommen.

[2]) An einer anderen Stelle, wo es sich nur um eine Wassermühle handeln kann (de Goeje S. 316) steht dafür einfach *raḥàn*.

[3]) Auch im heutigen Ägypten ist *ṭâḥûna* Ausdruck für jegliche Mühle. So gab mir z. B. der Cafetier der im Sommer 1912 in Hagenbeks Tierpark in Stellingen weilenden ägyptischen Truppe als Ausdruck für „Kaffeemühle" *aṭ-ṭâḥûna* an.

[4]) Idrîsî z. B. gebraucht für die Wassermühle stets *raḥàn*; Dimišqî z. B. spricht fast durchgehend bei Beschreibung oder Erwähnung von Wassermühlen von *ṭâḥûna* oder *ṭawâḥîn* (z. B. Text ed. Mehren S. 116 u. 187 ff), während er die Windmühlen (S. 181 ff) *raḥàn* nennt. (S. 236 Z. 9 sind allerdings mit *'arḥâ'* Wassermühlen gemeint). Vgl. auch die beiden eben zitierten Belâḏorî-Stellen. *Raḥàn* in der Bedeutung „Wassermühle" wird gern durch Hinzufügung von *mâ'* besonders als solche bezeichnet, z. B. Abû Jûsuf, *Kitâb al-ḫarâǧ* (Bulâq 1302) S. 52, Z. 8.

[5]) Macn. hat an der entsprechenden Stelle (III, 120) *raḥàn*.

[6]) = Macn. IV. 16.

Zubehör. („1001 Nacht", Bresl. II, 262, Ibn al-Ḥâǧǧ a. a. O. III, 116 Z. 23, 117 Z. 6: *bâbu 'ṭ-ṭâḥûni;* van Berchem, „Matériaux pour un corpus" S. 732: *bi-ǧawârin li-'ṭ-ṭâḥûni,* S. 354 Nr. 247), doch kommt daneben auch: *baitu 'ṭ-ṭâḥûni* und (Dimišqî ed. Mehren S. 182 Z. 8 u. 11): *baitu eṭ-ṭaḥni* vor.

Auch die Bedeutung „Mühlstein" hat *ṭâḥûn* (Maqrîzî, *Ḫṭaṭ* I, 465); das häufigere dafür bleibt aber *ḥaǧar eṭ-ṭâḥûn* („1001 Nacht", Macn. I, 107; Ibn al-Ḥâǧǧ a. a. O. III, 114 ff.).[1]

Eine ausführliche Beschreibung der Wassermühle im mittelalterlichen islamischen Orient habe ich bei den arabischen Schriftstellern mit Ausnahme einer Stelle bei Dimišqî (ed. Mehren, Text S. 187, Übers. S. 254, Wiedemann, „Beiträge" VI, 42 f.), wo es sich allerdings in der Hauptsache um die Beschreibung einer interessanten Anlage für die Zufuhr des zum Antrieb des Mühlrades erforderlichen Wassers handelt, nicht feststellen können. Auch neuere Reisewerke über den vorderen Orient, die uns etwa Rückschlüsse auf die vergangenen Zeiten erlauben könnten, versagen für unseren Zweck. Da nun aber die Wassermühle eine Erfindung des Orients,[2] und als solche zu den Römern gekommen ist, dürfen wir wohl die Beschreibung derselben, wie sie uns die römischen Schriftsteller geben, auch auf die Wassermühlen des älteren Orients und wegen des Konservativismus seiner Bewohner auch auf den mittelalterlichen islamischen Orient übertragen. Die Konstruktion ist nach Blümner[3] folgende: „an einem größeren durch das Wasser getriebenen Schaufelrad befindet sich, an der Verlängerung seiner Achse angebracht, ein Zahnrad, vertikal auf der schmalen Seite stehend; letzteres durch das Schaufelrad bewegt, setzt ein horizontales größeres Zahnrad in Bewegung, und dieses hinwiederum den „Läufer".[4]) Eine

[1]) Auch hier ist nicht zwischen „oberem" und „unterem" Mühlstein unterschieden.

[2]) Blümner, „Technologie und Terminologie der Künste und Gewerbe bei Griechen und Römern" I, S. 45f.; Marquardt, „Römische Privataltertümer" II, S. 406 f.

[3]) a. a. O. S. 46.

[4]) D. h. den oberen Mühlstein.

darüber befindliche trichterartige Vorrichtung führt das zu mahlende Getreide zu.“ Mögen die Römer vielleicht auch technisch diese Mühle besser ausgebildet haben, im allgemeinen wird die Wassermühle des Orients ebenso gewesen sein; denn die Wassermühle in obiger Beschreibung ist so einfach, wie sie technisch kaum einfacher gedacht werden kann.

Allerdings ist hiermit nicht entschieden, ob die Römer auch die Form der Mühlsteine aus dem Orient übernommen, oder ob sie die Mühle in der bekannten Form eines Doppelkegels beibehalten haben. Für die Mühlsteine selbst läßt sich hieraus also leider nichts entnehmen.

Es bleibt aber noch ein anderes Mittel, uns ein Bild von den mittelalterlichen orientalischen Wassermühlen zu machen. Stuhlmann, „Ein kulturgeschichtlicher Ausflug in den Aures“ S. 104, hat darauf hingewiesen, daß die Mühlen im heutigen Nordafrika eine ganz andere Form als die aus römischer Zeit, also nicht die bekannte Form eines Doppelkegels zeigen, wie sie bei Ausgrabungen, besonders gerade in Nordafrika, in großen Mengen gefunden werden, und knüpft daran die Vermutung, daß die heutige Mühlenform mit der arabischen Wanderung dorthin gekommen sei. Ist diese Vermutung richtig [1]) — die dortige Handmühle entspricht allerdings der altarabischen —, d. h. sind die dortigen Mühlen östlichen Ursprungs, so dürfen wir weiter annehmen, daß diese Mühlen ungefähr dieselben sind, wie die des islamischen Mittelalters. Denn unter Berücksichtigung der primitiven Verhältnisse in Nordafrika dürfen wir damit rechnen, daß sie sich garnicht, oder nur wenig verändert haben. Diese Mühlen sind genauer beschrieben bei Hanoteau et Letourneux, „La Kabylie et les coutumes Kabyles“, Paris 1893, I, 553 f., ferner bei Maciver and Wilkin, „Libyan notes“, London 1901, S. 33 f. Letztere geben eine gute Abbildung und eine schematische Darstellung einer Wassermühle. Leider fehlt aber die Antriebsvorrichtung auf der Abbildung. Die Mühlsteine selbst ent-

[1]) Beeinflussungen von anderer Seite können als ziemlich ausgeschlossen gelten.

sprechen der Form nach denjenigen der Handmühle. Der obere Mühlstein wird durch eine Vorrichtung nach Art der oben beschriebenen in Bewegung gesetzt.

Von Ausdrücken, die sich auf einzelne Teile der Wassermühle und auf ihre Einrichtung beziehen, erwähnen die Wörterbücher nur das Wort *nâʿûr* oder *nâʿûra* (FAF 134, Weissenbach, „Die arabische Nominalform *Fâʿûl*" S. 60). *Lisân* VII, 80 Z. 5 und Ibn Sîda IX, 165 Z. 5 (s. v. *dalw*) erklären es als: *ǧanâḥu 'r-raḥà,* also als „Mühlenflügel". [1]) Vermutlich wird das Wort nicht nur die einzelnen Schaufeln, sondern auch das ganze Schaufelrad der Wassermühle bezeichnen. Diese Vermutung wird dadurch bestärkt, daß *nâʿûr* sonst das „Schöpfrad" [2]) oder „Wasserrad" [3]) bedeutet. Dies ist alles, was wir nach meinen bisherigen Feststellungen aus den Wörterbüchern entnehmen können; doch lassen sich sonst noch einige andere Bezeichnungen nachweisen.

An der schon erwähnten Stelle bei Dimišqî (ed. Mehren, Text S. 187, Übers. S. 254) [4]) finden wir zwei Ausdrücke, die aber in dem dort gemeinten Sinne den Lexikographen unbekannt sind; es ist daher vielleicht auch fraglich, ob diese Ausdrücke überhaupt allgemein in diesem Sinne gebräuchlich waren, oder ob vielleicht Dimišqî nur in der Verlegenheit zu diesen Wörtern gegriffen hat. Ich gebe sie nach den Erklärungen Wiedemann's: *farâš* = Mühlrad [5]) und *rîš* = Schaufel. [6])

---

1) Um Windmühlen wird es sich an dieser Stelle jedenfalls nicht handeln, da solche selten und nur im äußersten Osten in Gebrauch waren. Auch Weissenbach a. a. O. gibt „Flügel der Wassermühle".

2) Vgl. z. B. Ibn Sîda a. a. O.: *an-nâʿûru . . . ḍarbun mina 'd-dilâ'i.*

3) Wiedemann, Beiträge VI, 41; X, 323, 333.

4) Wiedemann, a. a. O. VI, 42 f.

5) cf. Dozy, Suppl. II, 253. Dozy zitiert das Wort nach dem *Muḥît al-Muḥit;* es wird das Wort also vermutlich erst in jüngster Zeit in diesem Sinne gebraucht.

6) Wiedemann bemerkt dazu (S. 43), daß die ursprüngliche Bedeutung „Feder" ist. — Ich möchte übrigens nicht unerwähnt lassen, daß auch Dimišqî schon einer etwas späteren Zeit angehört; er ist gestorben 727 H = 1327 D (cf. Brockelmann, „Gesch. d. arab. Lit." II, 130).

Neben diesen Ausdrücken führt WIEDEMANN in seinen „Beiträgen“ II, 40 noch einige auf die Wassermühle bezügliche Bezeichnungen aus den *Mafâtîḥ al-ʿulûm* des Ḫwârizmî[1]) an. Auch sie lassen sich, soweit ich bisher sehe, in den bei WIEDEMANN angeführten Bedeutungen in den Wörterbüchern und auch sonst nicht nachweisen. Daß sie als Termini technici anzusehen sind, zeigt ihre Aufnahme in die Encyclopädie des Ḫwârizmî. Es bleibt aber trotzdem noch die Frage offen, wieweit diese Ausdrücke in den allgemein gebräuchlichen Wortschatz des Arabischen aufgenommen sind, oder ob es sich vielleicht gar um Ausdrücke handelt, die nur bei den von den Arabern unterworfenen Nationen — Ḫwârizmî berücksichtigt auch die Benennungen bei fremden Völkern —, nicht aber bei den Arabern selbst, üblich waren. *Surn* (oder *ṣurn*) *ar-raḥà* (eigentlich die Achse) bezeichnet den Radkranz des Mühlrades; erklärt wird es an der Stelle durch *dawwâra.*[2]) Der einzelne Flügel heißt *barkâr as-surn.*[3]) *Surn* und *dawwâra* scheinen mir dasselbe wie *farâš,* und *barkâr* dasselbe wie *rîš* zu sein. Schließlich findet sich vereinzelt noch das Wort *sânija* für „Wassermühle“ [4]); im allgemeinen bedeutet es aber ein Wasserhebewerk,[5]) hauptsächlich zur Bewässerung der Felder. Bei Idrîsî (Text S. 212) kommt auch *miṭḥân* für Wassermühle vor.[6])

Auf eine größere Mühlenanlage dieser Art deutet wohl das Wort *madâr* in einer Stiftungsurkunde (VAN BERCHEM, „In-

---

[1]) Lebte in der zweiten Hälfte des 10. Jahrh. unserer Ära (cf. BROCKELMANN I, 244); seine Enzyklopädie ist also bedeutend älter als die Kosmographie des Dimišqî.

[2]) cf. die Erklärungen bei WIEDEMANN.

[3]) Nach den *Mafâtîḥ al-ʿulûm* ein arabisiertes persisches Wort; im *Muʿarrab* nicht angegeben.

[4]) cf. DOZY, Suppl. I, 695; Idrîsî Gloss. S. 322 Nr. 6; WIEDEMANN a. a. O. VI, 41.

[5]) cf. die Wörterbücher, Gloss. Geogr. IV, 265 und Idrîsî S. 84. Eine Beschreibung eines solchen Wasserhebewerkes findet sich z. B. „1001 Nacht“, übersetzt von LANE I, 316 note 25.

[6]) WIEDEMANN, a. a. O. X, 323. Für Mühlengebäude an derselben Stelle einfach: *ar-raḥà.*

scriptions arabes de Syrie", in „Mémoires de la Mission du Caire" III, S. 438) hin.[1])

Auf den *qâdûs* oder *ṣandûq* genannten, oberhalb der Mühlsteine angebrachten Kasten zur Aufnahme des Getreides (Mühltrichter) bei Wassermühlen werden wir bei Besprechung der Tiermühlen eingehender zurückkommen.

Der Vollständigkeit halber möchte ich hier noch den Bericht über die eigenartige Wasserversorgung einer Mühle aus Merend in Persien, wie ihn uns Dimišqî (ed. Mehren, Text S. 187, Übers. S. 254) gibt, nach der Übersetzung Wiedemann's („Beiträge" VI, 42) wiedergeben; zur Erklärung der technischen Ausdrücke verweise ich auf dessen Anmerkungen.

„Merend hat eine Mühle, die sich durch stehendes Wasser dreht, sie gehört zu den Wundern der Welt, der Zeit und der Kultur. Sie besteht aus zwei Steinen *(ḥaǧar)*, denen zwei Mühlräder *(farâš)* entsprechen, von denen ein jedes sich durch sein Wasser (eine besondere Wasserzufuhr) dreht, es dreht dann von seinen beiden Mühlsteinen den oberen und mahlt das Korn. Die beiden Räder befinden sich auf den beiden Seiten innerhalb eines Gewölbes *(qabw)*, in dem sich aufgespeichertes und zurückgehaltenes Wasser befindet, etwa 1 Klafter *(qâma)* tief und 6 Ellen lang und breit. In der Mitte dieses Gewölbes befindet sich ein Balken, der wie ein Querbalken in der Breite des Gewölbes hindurchgeht und auf beiden Seiten in dessen Wände eingelassen ist. Auf ihm, d. h. auf dem durchgehenden Balken befinden sich bleierne Röhren *(barbaḫ)*, die fest miteinander verbunden sind, so daß sie gleichsam ein einziges Stück bilden, ihre Kehle *(ḥalqûm)* ist geöffnet, und sie sind auf dem Balken (oberhalb des Balkens) nach dem Wasser hin umgebogen. Der eine Schlund *(ḥalq)* ist geöffnet, und an ihm befindet sich eine Maschine *(handasa)*, mittelst deren das Wasser von etwa $1/2$ Elle an angesaugt wird, und er erhebt das Wasser in sich,

---

[1]) Da es sich um Syrien handelt, ist damit sicher eine Wassermühle gemeint. Bei Wiedemann a. a. O VI, 28 und X, 328 findet sich *madâr* als Ausdruck für Tiermühle.

es wird (empor)getragen und fließt, bis es sich vermöge einer Kraft (eines Antriebes) in die andere Kehle herabläßt. Diese Kehle steht um eine bekannte Größe höher als das Wasser [in dem Bassin], von ihr fällt das Wasser herab und fällt auf die Schaufeln der Wasserräder. Das Wasser dreht das Rad und setzt den Stein in Rotation. Nach dem Fall des Wassers auf das Rad gelangt es zu dem Wasser selbst (d. h. zu dem Wasser in dem Becken). Ebenso wirkt der andere *Barbaḫ*, der mit diesem *Barbaḫ* fest verbunden ist; er hat dieselbe Länge und Weite und unterscheidet sich von ihm in dem Hals. Dieser (der zweite *Barbaḫ*) hebt das Wasser von da, wohin er (der erstere) es ausschüttet[1]), und dieser (der erste) hebt es von da, wohin der andere es ausschüttet. Das Wasser, das aufsteigt und herabsteigt, ist stets ein und dasselbe, es nimmt nicht ab und nicht zu. Es bewegt sich nur dadurch, daß diese beiden Kehlen es in verschiedener Weise aufschlürfen und dementsprechend ausgießen."

Wie bereits in den einleitenden Worten zu diesem Abschnitte gesagt, ist die Wassermühle in Syrien und Grenzländern überall heimisch;[2]) ebenso finden sie sich, wie aus der Stelle bei Dimišqî hervorgeht, auch in den östlichen Teilen des islamischen Gebietes. Außerdem waren und sind sie noch im mittleren und westlichen Nordafrika in Gebrauch.[3]) Auch aus Spanien berichten die arabischen Schriftsteller von Wassermühlen.[4]) In Ägypten aber waren und sind sie noch bis heute unbekannt.[5]) Das Gefälle des Nil ist für Mühlenanlagen zu gering. Dort benutzte man Tiermühlen.

---

[1]) Dazu die Anm.: „d. h. das Wasser aus demselben Raum emporgehoben, in den es hineingeschüttet wird."

[2]) Über Palästina cf. Graf von Mülinen, „Beiträge zur Kenntnis des Karmels", in ZDPV XXX. 1907, S. 155; über Arabia petraea cf. Musil a. a. O.

[3]) cf. z. B. Idrîsî S. 66 (Wiedemann a. a. O. X 338), S. 75; Reitemeyer, „Städtegründungen der Araber" S. 150; ferner die oben angeführten Stellen bei Hanoteau et Letourneux und bei Maciver and Wilkin.

[4]) cf. Wiedemann, „Beiträge" VI, 44, X, 323.

[5]) „Descr. de l'Eg." XII, 431. Auch Ibn al-Ḥâǧǧ, der ägyptische Verhältnisse bespricht, kennt keine Wassermühle. Wetzstein in ZDPV XIV, 1891. S. 4 Anm.

3. Die Tiermühle.

Als Ausdruck auch für diese Tiermühlen findet sich, wie schon bei der Besprechung der Wassermühle bemerkt, allgemein das Wort *ṭâḥûn.*[1]) Als ihre ursprüngliche Heimat dürfen wir wohl Ägypten ansehen. Die Araber haben das von den Syrern für die Wassermühle übernommene Wort auch auf diese Tiermühlen übertragen. Vielleicht ist auch schon vor den Arabern der Ausdruck *ṭâḥûn* nach Ägypten gedrungen und als Ausdruck für die Tiermühle verwandt worden. Merkwürdig ist jedenfalls, daß die Araber für die ihnen neue Tiermühle in Ägypten nicht in ähnlicher Weise, wie wir es bei *ṭâḥûn* für die syrischen Wassermühlen gesehen haben, den ägyptischen Ausdruck in irgend einer Form übernommen haben. Daß die Tiermühle den Arabern ursprünglich unbekannt war, glaube ich u. a. auch daraus schließen zu dürfen, daß wir in der ältesten arabischen Literatur nichts davon hören. In späterer Zeit sind solche sicher auch in Arabien eingeführt worden. Wenigstens schließt NIEBUHR[2]) aus dem Vorkommen einer durch Ochsen getriebenen Ölpresse, daß neben der Handmühle auch durch Tiere getriebene Kornmühlen vorkommen.

Neben *ṭâḥûn* kommt vereinzelt auch *madâr* vor (WIEDEMANN a. a. O. VI, 28 und X, 338); gewöhnlich aber haben wir unter *madâr,* glaube ich, nur die Antriebsvorrichtung zu verstehen (cf. M a q r î z î, *Ḫiṭaṭ* I, S. 465).

Die Tiermühle[3]) ist im wesentlichen eine Handmühle im Großen. Der Griff ist ersetzt durch einen gekrümmten Balken, den man nicht weiter bearbeitet hat, dessen eines Ende in dem oberen Mühlstein befestigt ist, dessen anderes

---

[1]) Außer den schon oben S. 17 ff. erwähnten Stellen z. B. noch VAN BERCHEM, „Matériaux pour un corpus" No. 247 u. 528.

[2]) „Arabien" S. 217.

[3]) Sie werden gedreht von Rindern, Eseln und Pferden (MARTIN, „Les Bazars du Caire" S. 51. „1001 Nacht", MACN. I, 720; II, 392.) Es kommt aber auch vor, daß sie von Männern und Kindern in Bewegung gesetzt werden. (MARTIN, ebenda; vgl. auch Gloss. Geogr. [„Bibl. Geogr. Arab." Bd. IV] S. 287 s. v. *ṭâḥûn*; daselbst werden auch Kamele erwähnt).

Ende dem Tiere auf den Nacken gelegt wird. WIEDEMANN[1]) nennt diesen Balken nach den *Mafâtîḥ al-ʿulûm: saffûd.* Ich glaube, hier gilt dasselbe, was ich w. o. über *surn* und *barkâr* gesagt habe. *Saffûd* kommt sonst in dieser Bedeutung nicht vor, es heißt sonst nach den Wörterbüchern und FAF S. 90[2]) „eiserne Stange" und besonders „Bratspieß"[3]). Eine Beschreibung solcher Mühlen, die sich hauptsächlich in Ägypten finden, und zwar, wie schon angedeutet, von der früheren dortigen Bevölkerung übernommen, gibt die „Descr. de l'Eg." (Etat Moderne) XII, 431; eine Abbildung Pl. X, Nr. 1. Der untere Stein ist im Boden befestigt. Als Material für die Mühlsteine verwandte man in Ägypten Säulentrommeln antiker Tempel („Descr. de l'Eg." XVIII, 2, S. 375). Sie haben gewöhnlich einen Durchmesser von 2—2 ½ Fuß („Descr. de l'Eg." XVIII, 1, S. 308); der obere ist meist kleiner als der untere („Descr. de l'Eg." XII, 431). Das Getreide wird durch eine in der Mitte befindliche Öffnung des oberen Steines in die Mühle geschüttet. Zum Auffangen des Mehles sind zwischen Mühlstein und dem Ringe, den das Tier abkreist, Matten aus Palmblättern ausgebreitet. Die Mühlen mahlen nur grob („Descr. de l'Eg." XVIII, 1, S. 308), immerhin liefern sie aber besseres Mehl als die Handmühlen.

Diese Mühlen sind im islamischen Mittelalter sehr verbreitet gewesen. In den Erzählungen der „1001 Nacht" ist öfter von ihnen die Rede, z. B. MACN. I, 720 Z. 15 ff., II, 392 etc. Eine nähere Beschreibung finden wir dort nicht; nur das läßt sich ersehen, daß ebenso, wie die „Descr. de l'Eg." XII, 431 es beschreibt, die Mühle in einem besonderen Raume unten im Hause aufgebaut war („1001 Nacht" Bresl. II, 262 und II, 258: *wa-kâna fî 'asfali dârihi ṭâḥûnun*). Auch Graf von MÜLINEN, „Beiträge zur Kenntnis des Karmels", in ZDPV XXX, 1907 S. 155 erwähnt eine solche Tiermühle (*ṭâḥûnet el-baġl*).

---

[1]) a. a. O. VI, 28 u. X, 338.

[2]) cf. auch WIEDEMANN a. a. O. X, 338.

[3]) z. B. *Ṣiḥâḥ* I, 235 z. 17 f.: *wa-'s-saffûdu bi-'t-tašdîdi 'l-ḥadîdatu 'llat jušawwâ biha 'l-laḥmu.*

Der untere Mühlstein ruht vielfach auf einem Fundament. Der größere Umfang und das größere Gewicht machen dies erforderlich.[1]) Ich möchte so auch das Wort *qâʿida* „1001 Nacht“ Macn. IV, 703, Z. 12 auffassen. Dozy, Suppl. II, 380 erklärt es allerdings als „la meule de dessous“ oder „meule gisante[2]); doch der Zusammenhang der Erzählung in „1001 Nacht“ läßt meine Erklärung vollkommen zu. Auch Wiedemann a. a. O. VI, 41 will *qâʿidat aṭ-ṭâḥûn* als „Basis der Mühle“ aufgefaßt wissen.

Die Tiermühlen hatten zu einem großen Teil, ebenso wie die Wassermühlen, einen meist trichterförmigen Kasten zur Aufnahme des Getreides, das dann entsprechend der Menge des bereits zerriebenen Getreides in die Öffnung des oberen Mühlsteines nachfiel, also einen regelrechten „Mühltrichter“. Der Ausdruck für diesen Trichter ist *qâdûs* (aus griech. κάδος FAF 73), vgl. „1001 Nacht“, Bresl. II, 263, 4[3]): *wa-nazala ʿalà 'ṭ-ṭâḥûni wa-mala'a 'l-qâdûsa qamḥan,* Ibn al-Ḥâǧǧ a. a. O. III, 113 Z. 5 ff., Dozy, Suppl. II, 314, Wiedemann, „Beiträge“ VI, 43 u. 48[4]), der als weiteren Ausdruck für diesen trichterförmigen Kasten (S. 47) noch *ṣandûq al-qamḥ* anführt. Nach Dozy, Suppl. II, 197 s. v. *ʿain* auch *ʿain aṭ-ṭâḥûn.* In späterer Zeit findet sich dafür auch das Wort *kûr,* Dozy, Suppl. II 497, Graefe, „Pyramidenkapitel“ S. 46, 4.

Bei manchen Mühlen ist unter diesem Mühltrichter noch

---

[1]) Ich bin zu dieser Auffassung gelangt durch Löwy a. a. O. S. 14; „bei größeren Handmühlen, ebenso bei den Eselsmühlen, war der untere Mühlstein auf einer hölzernen Basis befestigt. . . . Oder man bediente sich eines einfachen Holzblockes, der, um ihn zu befestigen, ein wenig in die Erde gesenkt wurde.“

[2]) In einem Verse bei Maqrîzî, vgl. Graefe, „Pyramidenkapitel“ S. 46. z. 4 scheint *qâʿida* zwar die Bedeutung, die Dozy angibt, zu haben, doch ist die Stelle noch nicht ausreichend erklärt, vgl. Graefe ebenda S. 88 z. 2 ff und S. 93.

[3]) = Macn. I, 253.

[4]) Nach Dimišqî S. 182 u. 188. Vgl. auch die bei Dimišqî ed. Mehren Text S. 182 u. 188 und bei Wiedemann, „Beiträge“ VI, 48 befindlichen Abbildungen.

eine besondere Schüttelvorrichtung angebracht, damit das Getreide stets gleichmäßig und in gleichen Mengen in die Mühle hineinfällt. Ich gebe eine Beschreibung nach STUHLMANN, „Ein kulturgeschichtlicher Ausflug in den Aures“, S. 103[1]): „Über den Steinen war auf 4 Pfosten eine sargähnliche Holzmulde angebracht, in die das zu mahlende Korn kam. .... In der Mitte dieser Mulde war unten eine Ausflußöffnung, unter welcher ein kleines löffelförmiges Holzgefäß lose aufgehängt war, in das das Korn zunächst lief. An diesem Löffel war drehbar eine kleine Achse mit Holzrolle eingelassen, welch letztere auf dem oberen Mahlsteine ruhte. Bewegt sich dieser rotierend, so dreht sich auch die Rolle und schüttelt dadurch den Holzlöffel, wodurch das Korn aus ihm herausgeschüttelt wird, um so mehr, je schneller die Vorrichtung sich dreht.“ MACIVER and WILKIN a. a. O. und HANOTEAU et LETOURNEUX a. a. O. beschreiben ebenfalls eine derartige Vorrichtung.[2]) Aus der arabischen Literatur kann ich keine Belege für eine derartige Einrichtung beibringen. Es kann aber als ziemlich sicher gelten, daß auch schon im islamischen Mittelalter ein derartiges Instrument bekannt und in Gebrauch war. DOZY. Suppl. II, S. 366 gibt das Wort *qiṭrîb ar-raḥà*[3]) an, das man vielleicht mit einer derartigen Einrichtung zusammenbringen kann. Die Erklärung, die DOZY anführt, lautet: *ḫašabatun ṣaġîratun turbaṭu bi-ḫaiṭin juǵʿalu taḥta 'l-ḥabbi fî 'l-kûri fa-tabqà muʿallaqatan ḫâriǵa 'l-kûri ḥattà jafruġa 'l-ḥabbu ʿani 'l-ḫaiṭi fa-tasquṭu li-ʿadami tamâsukihi wa-tansaḥibu ʿalà waǵhi 'r-raḥà fa-tunabbihu biṣautihâ ʿalà farâġi 'l-ḥabbi wa-nihâjati ṭaḥnihi.*[4]) Danach ist der *qiṭrîb* nicht genau dasselbe wie

[1]) Vgl. auch die dortigen Abbildungen.

[2]) Vgl. auch LÖWY a. a. O. S. 12 f. „Descr. de l'Eg.“ XII, 431.

[3]) Die arabischen Wörterbücher haben diese Verbindung nicht.

[4]) DOZY übersetzt: „Petit morceau de bois qu'on attache à un fil et qu'on place sous le blé dans la trémie. Ce fil reste suspendu hors de la trémie jusqu'à ce que le blé sous lequel il est placé soit entièrement moulu; cela fait, il tombe parce qu'il n'est plus retenu, et traîne sur la meule. Le bruit qu'il fait alors avertit le meunier que la mouture est terminée.“

die oben beschriebene Schüttelvorrichtung, jedenfalls aber etwas Ähnliches. Daß aber diese Vorrichtung gleichzeitig auch denselben Zweck hat, wie der bei Dozy beschriebene *qiṭrîb ar-raḥà*, nämlich den Müller aufmerksam zu machen, wenn der Trichter leer ist, darf man wohl annehmen. — Wiedemann, „Beiträge" XII, 223 berichtet von einer Schelle *raqqâṣ*, die mit der Mühle verbunden ist und tönt, solange Getreide im Trichter ist.

Eine besondere Art dieser Mühlen beschreibt Maqrîzî *Ḫiṭaṭ* I, S. 465 (vgl. dazu auch Wüstenfeld, „Calcaschandi's Geographie und Verwaltung von Ägypten", S. 179; Becker, „Papyri Schott-Reinhardt" I, S. 47, wo Becker sie „umgekehrte Mühlen" nennt): *wa-hija ṭawâḥînu madâruhâ suflun wa-ṭawâḥînuhâ ʿalwun ḥattà lâ tuqâriba zibla 'd-dawâbbi.* Viel ist mit dieser Stelle leider nicht anzufangen. Es scheint aber, daß die Mühlsteine sich in einem oberen, die Bahn für die die Mühle drehenden Tiere und das „Getriebe" *(madâr)* sich in einem unteren Stockwerke befanden, derart, daß durch eine besondere Vorrichtung [1]) die Drehung des Mühlsteins im oberen Stockwerk vermittelt wurde. Auch die oben angeführte Stelle aus Wüstenfeld's Calcaschandi-Übersetzung führt uns leider nicht weiter.

Stuhlmann, „Ein kulturgeschichtlicher Ausflug in den Aures" S. 103 beschreibt eine Tiermühle aus Hammamet in Tunesien folgendermaßen: [2]) „Der untere Stein lag fest und der obere drehte sich um eine Achse, die nach unten ging. Wie diese mit ihm verbunden ist, konnte ich nicht feststellen. Um die Steine war ein Kasten gelegt, der das Mehl auffing, das aus einem Ausguß herauskam. Diese Steine lagerten auf Holzbohlen, die ihrerseits auf 4 Steinpfosten ruhten.

Unten an der Achse des Mühlsteines, unterhalb der erwähnten Holzbohlen ist ein kleines Zahnrad angebracht, dessen Zähne in ein großes Zahnrad eingreifen, das an einer schweren

---

[1]) Vgl. dazu „Descr. de l'Eg." XVII, S. 257.

[2]) Vgl. auch die Abbildung Fig. 31.

Achse befestigt ist, die unten im Boden, oben an einem Deckenbalken des Mühlenraumes ihre Lager hat. An der Achse ist in etwa halber Höhe ein aus mehreren Holzstücken gefertigter, halbkreisförmiger Göpel befestigt, der so hoch und groß ist, das er beim Rundgang um die ganze Mühle herum geht. An seinem äußersten Ende befindet sich ein hölzernes Ortscheit, an das das Zugtier angreift. Dieses wird mit dem Kopfe an einen Leitbaum gebunden, der auch an der Achse des Göpels angebracht ist."

Eine derartige Mühle, bei der also tatsächlich die Mühlsteine oben und das Getriebe unten sind, kann an der Stelle bei Maqrîzî aber nicht gemeint sein, da hierbei immer noch die Gefahr vorhanden ist, daß das Mehl leicht mit dem Mist der Tiere in Berührung kommt.

4. Die Windmühle.

Windmühlen sind in Arabien selbst in alter Zeit nicht bekannt gewesen. Erwähnt wird eine solche an der bekannten Stelle bei Ṭabarî[1]) über die Ermordung des Chalifen ʿOmar I. Abû Lu'lu'a, der Mörder, ein persischer Sklave, soll sich gerühmt haben, eine Mühle bauen zu können, die „mit Wind mahlt": *raḥàn taṭḥanu bi-'r-rîḥi.* Diese Stelle beweist, daß in Arabien die Windmühlen als etwas ganz Undenkbares und Wunderbares galten.[2])

In den östlichen Teilen des islamischen Orients sind dagegen Windmühlen, wie man vielleicht auch aus der eben erwähnten Ṭabarî-Stelle schließen darf, vorhanden gewesen. Von Seǧistân wird es von verschiedenen Schriftstellern berichtet.[3]) Eine sehr eingehende Beschreibung der dort gebräuchlichen Windmühlen, bei denen ebenfalls die Antriebsvorrichtung in einem unteren und die Mühlsteine in einem

---

[1]) „Selections from Ṭabarî" ed. DE GOEJE S. 1 ff.

[2]) Auch NIEBUHR hat in Arabien keine Windmühlen gesehen (vgl. „Arabien" S. 217).

[3]) Istaḫrî, Ibn Ḥauqal, Qazwînî, Mas'ûdî („Prairies d'or"); die betreffenden Stellen sind bei WIEDEMANN, „Beiträge" VI, 45 zusammengestellt.

oberen Stockwerke aufgestellt sind, finden wir bei Dimišqî (ed. MEHREN, Text S. 181 ff., Übers. S. 246 ff.).[1]) Ich gebe den Bericht in der Übersetzung WIEDEMANN's („Beiträge" VI, 46 f.) und verweise auch hier zur Erklärung der technischen Ausdrücke auf die dortigen Anmerkungen:

„In Seğistân befindet sich eine Gegend, in der die Winde sowie Sandmassen häufig sind. Ihre Einwohner benützen die Winde zum Drehen der Mühlen und zur Fortschaffung des Sandes von einem Ort zu einem andern, so daß die Winde ihnen unterworfen (dienstbar) sind, wie sie dem Salomo (Frieden sei über ihn) unterworfen waren. Bei der Konstruktion der sich durch den Wind drehenden Mühlen (Windmühlen) verfahren sie folgendermaßen: Sie bauen [ein Gebäude] in die Höhe wie ein Minaret, oder sie nehmen einen hohen Berggipfel oder einen entsprechenden Hügel oder einen Turm der Burgen. Auf diesem errichten sie ein Gebäude über einem anderen. In dem oberen befindet sich die Mühle *(raḥan)*, die sich dreht und mahlt, in dem unteren befindet sich ein Rad *(daulâb)*, welches der dienstbar gemachte Wind dreht. Dreht sich das Rad unten, so dreht sich die Mühle auf dem Rade oben. Was für ein Wind auch wehen mag, so drehen sich jene Mühlen, trotzdem nur ein einziger Mühlstein vorhanden ist.

Haben sie den Bau der beiden Gebäude ausgeführt, so machen sie in das untere Gebäude vier Schießscharten *(el-marmâ)* wie die Schießscharten an den Mauern *('aṣwâr)*, nur sind sie umgekehrt, indem ihr weiter Teil nach außen und ihr enger Teil nach innen gekehrt ist, ein Kanal für die Luft, so daß in ihm die Luft kräftig in das Innere eindringt, wie bei dem Blasebalg des Goldschmiedes. Das weite Ende befindet sich nach der Mündung und das enge nach innen zu, damit es für den Eintritt der Luft geeigneter ist, die in das Gebäude der Mühle eintritt, von welcher Gegend der Wind auch blasen mag. Ist die Luft in jenes Haus durch den für

[1]) Vgl. auch die Abbildungen bei Dimišqî Text S. 182 und bei WIEDEMANN, a. a. O. VI, 48.

sie in dem Gebäude der Mühle hergestellten Eintrittsort eingetreten, so findet sie einen für sie angebrachten *Sarîs* wie den *Sarîs* der Weber, welche auf ihm den Faden übereineinander schichten. Die Vorrichtung hat 12 Seiten (Rippen) (*ḍilʿ*); man kann bis zu sechs Rippen herabgehen. Auf ihnen ist Zeug festgenagelt, ähnlich wie die Bekleidung der Laterne, nur ist es (das Zeug) auf die einzelnen Seiten verteilt, so daß jede Seite bekleidet ist. Die Bekleidung hat einen Bausch, den die Luft ausfüllt, und den sie voranstößt. Dann füllt die Luft den nächsten an und stößt ihn voran, dann füllt sie den dritten. Dieser *Sarîs* dreht sich dann; infolge seiner Umdrehung dreht sich der Mühlstein und mahlt das Korn.

Solcher Mühlen bedarf man auf hohen Burgen und an Orten, die wenig Wasser, aber eine lebhafte Luftbewegung haben."

In Ägypten aber und den westlichen islamischen Ländern waren Windmühlen im Mittelalter unbekannt. Wenn nun aber heutigentags in Ägypten neben der von Tieren getriebenen Mühle auch noch die Windmühle vorkommt,[1]) so handelt es sich hier um modernen Import aus Europa. Sie gilt in der jetzt gebräuchlichen Form allgemein als eine Erfindung des mittelalterlichen Abendlandes.[2]) Die Möglichkeit einer Verbreitung der Windmühle bis nach Ägypten zur Zeit der Kreuzzüge wäre an und für sich nicht ausgeschlossen. Wenn sie sich aber eingebürgert hätte, würde sie sich sicher bis in spätere Zeiten erhalten haben. Auch würden wir wohl bei den arabischen Schriftstellern solche erwähnt finden. Auch die „Descr. de l'Eg.", die sonst über alles bis ins einzelne hinein auf das Ausführlichste berichtet, weiß ebenfalls von ihnen nichts und wir dürfen vielleicht auch daraus schließen, daß sie noch bis zur Zeit der französischen Expedition in Ägypten unbekannt gewesen sind. Wir dürfen also wohl annehmen

[1]) Mitteilung des Lektors.

[2]) Blümner, „Terminologie und Technologie der Künste und Gewerbe bei Griechen und Römern" I, 24.

daß die Windmühlen in Ägypten Import aus dem neuzeitlichen Abendlande [1]) sind. Sie interessieren uns daher in diesem Zusammenhange nicht.[2])

Schließlich muß noch eine Einrichtung genannt werden, die WIEDEMANN, „Beiträge" VI, 44 und X, 311 nach den *Mafâtîḥ al-ʿulûm* erwähnt, nämlich die „Schiffsmühlen". Die Stelle aus den *Mafâtîḥ* lautet einfach: „*al-ʿaraba* (pl. *ʿarab*) ist eine Mühle, die auf einem Schiffe aufgestellt ist." Sie werden auch sonst erwähnt, so z. B. bei Idrîsî, Text S. 194 unten; allerdings ist die Bezeichnung *ʿaraba* dort nicht genannt, es heißt einfach: *'arḥâ'un ṭâḥinatun fi 'l-marâkibi* und zur Erklärung wird noch hinzugefügt: *allatî hija tarkabu fî marâkiba tantaqilu min mauḍiʿin 'ilà mauḍiʿin.* Was mit diesen „Schiffsmühlen" gemeint ist, und vor allen Dingen, in welcher Art sie konstruiert waren, ob es sich hierbei überhaupt um eine besondere Mühlenart handelt, vermag ich bisher noch nicht zu sagen. Auch die Angaben WIEDEMANN's a. a. O. X, 311 führen uns nicht weiter.

Nachdem das Getreide gemahlen ist, wird es, um Mehl und Kleie voneinander zu sondern, gesiebt: *naḫala* I, V, VIII (Ibn Sîda XI, 60, *Lisân* XIV, 175, Ibn al-Ḥâǧǧ, *Kitâb al-madḫal* III, 112 Z. 4 v. u.) und *ġarbala* (Ibn Sîda XI, 60, *Ṣiḥâḥ* II, 243 s. v. *nḫl*; FREYTAG, „Arabum proverbia" II, S. 709). *Ġarbala* wird aber in den meisten Fällen nicht für das Sieben des Mehles, sondern für das Sieben des Getreides vor dem Mahlen, nachdem es vorher gewaschen und getrocknet ist[3]), gebraucht. Dies geht am deutlichsten hervor

[1]) Wahrscheinlich durch Napoleon eingeführt, vgl. MARTIN, „Les Bazars du Caire" S. 42.

[2]) SOBERNHEIM, „Syrie du Nord" („Matériaux pour un corpus" ed. VAN BERCHEM Bd. II) S. 136 übersetzt allerdings *ṭâḥûn* mit „moulin à vent." Diese Übersetzung wird aber vom Verfasser selbst nicht mehr aufrecht erhalten (laut brieflicher Mitteilung an Prof. BECKER).

[3]) Näheres hierüber s. WETZSTEIN in ZDPV XIV, 1891, S. 3; ferner BEHRNAUER in „Journal Asiat." 1860. II, S. 367.

aus einer Stelle der „1001 Nacht", an der die verschiedenen Ausdrücke, die die Müllerei und Bäckerei betreffen, nebeneinander aufgezählt sind, Macn. II, 118: *ja'ḫuḏu 'l-qamḥa wa-juġarbiluhu wa-jaṭḥanuhu wa-janḫuluhu wa-ja'ǧunuhu wa-jaḫbizuhu.* [1]) Dementsprechend ist nun auch ein Unterschied zwischen *munḫul* [2]) „Mehlsieb" („Arab. proverbia" III, S. 505, *Ḥamâsa* ed. Freytag, S. 128 Komment.) und *ġirbâl* „Getreidesieb" (Ḥar. *Maq.*, ed. Rein.-Dérenb., S. 416 Komment.: *ġarbala 'l-ḥinṭata 'au ġairahâ bi-'l-ġirbâli;* Freytag, „Arab. proverbia" III, 1, S. 380). *Ġirbâl* und *munḫul* sind nach Wetzstein [3]) ferner auch ihrer Herstellungsart nach verschieden. *Ġirbâl* ist ein „Riemensieb", *munḫul* ein „Haarsieb". Allerdings scheinen diese Ausdrücke nicht überall scharf geschieden zu sein. Wenigstens heißt es in einer Fabel in den Erzählungen der „1001 Nacht", Macn. I, 720 Z. 7: *wa-jantifu ḏanabî wa-jabî'uhâ li-'l-ġarâbilijji* („er wird mir [dem Pferde] den Schweif ausreißen und ihn an den Siebeflechter verkaufen"). Danach würde also der *ġarâbilî* auch Siebe aus Roßhaaren hergestellt haben, und *ġirbâl* auch ein Roßhaarsieb sein. [4])

Das Wort *ġirbâl* stelle ich trotz Fränkel, A. F. 91 zwar nicht zu „cribrum", wohl aber zu „cribellum". Ein Beweis dafür scheint mir erstens einmal darin zu liegen, daß neben *ġirbâl* auch *kirbâl* vorkommt. [5]) Fränkel, A. F. S. 260 behauptet zwar, daß *kirbâl* mit *ġirbâl* nichts zu tun habe. *Ġirbâl* und *kirbâl* sind indes nach Wetzstein im wesentlichen dasselbe,

---

[1]) Bresl. VII, 135 etwas anders; auch fehlt dort *janḫuluhu.* Die Ausdrücke finden sich in derselben Reihenfolge, wie oben angegeben, auch bei 'Abû Faḍl Ǧa'far b. 'Alî ad-Dimišqî, *Kitâb al-'išâra 'ilà maḥâsin at-tiǧâra,* Kairo 1318. S. 4 z. 8 ff.

[2]) S. auch Freytag, Einleitung S. 228; nach *Lisân* XIV, 175 auch *munḫal.*

[3]) Wetzstein „Über die Siebe in Syrien", in ZDPV XIV, 1891. Daselbst auch Näheres über die Herstellung selbst. Vgl. auch „Descr. de l'Eg." XVIII, 2 S. 375.

[4]) Heute wird in Syrien streng geschieden zwischen *ġarâbilijja* und *manâḫilijja,* der „Zunft der Riemensiebmacher" und der „Zunft der Haarsiebflechter" (Wetzstein a. a. O.)

[5]) Wetzstein ebenda.

beides sind „Riemensiebe", der Unterschied ist nur der, daß das *kirbâl* weitmaschiger ist und auf der Tenne zum Durchsieben des ausgedroschenen Getreides dient, während das *ġirbâl* enger geflochten ist, und, wie schon gesagt, zum Sieben des Getreides unmittelbar vor dem Mahlen, nachdem es gewaschen ist, benutzt wird. Zweitens spricht dafür, daß Siebe ursprünglich bei den Arabern überhaupt unbekannt waren. Selbst zur Zeit des Ibn al-Ḥâǧǧ (+ 737 H = 1336 D) war die Sitte des Mehlsiebens noch nicht allgemein verbreitet. Das Sieben des Getreides vor dem Mahlen erwähnt er überhaupt nicht, und das Sieben des Mehles bezeichnet er (III, 112, Z. 31 f.) als „Neuerung" *(bidʿa)*.[1])

Das, was vom Mehle ausgesondert wird: *mâ jaḫruǧu*

---

[1]) Auch in Palästina unterscheidet man nach Jäger, „Das Bauernhaus in Palästina" S. 34 drei Arten von Sieben.

1. Mehlsieb *munḫul* (feinmaschiges Haarsieb, neuerdings aus Draht geflochten).
2. Getreidesieb *ġurbâl* (Netz aus Darmsaiten, Maschen weiter als beim Mehlsieb).
3. *Kirbâl,* auf der Tenne benutzt, um die Körner vom Stroh zu säubern. (Netz aus dickem Draht und weitmaschig).

Neben *munḫul* führt Jäger noch den Ausdruck *mūchil* an. Graf von Mülinen in ZDPV XXX, 1907, S. 161 spricht nur von *mūchil.*

Bei dem Erbsenröster der ägyptischen Truppe, die im Sommer 1912 in Hagenbecks Tierpark in Stellingen war, sah ich zwei verschiedene Siebe. Sie glichen sich in der Form vollkommen. Sie waren kreisrund, hatten ca. $^1/_2$ m Durchmesser; der Reifen war aus Holz und ca. 8—9 cm hoch; auch waren die Maschen gleich eng; dagegen war das Netz bei dem einen aus feinen Lederriemen geflochten, bei dem zweiten aus Draht. Das erstere nannte er *munḫul,* das letztere *ġurbâl,* die Lederriemen nannte er *gild,* die Metallfäden *silk.* Auf meine wiederholten Fragen nach dem Unterschiede in der Bedeutung der Wörter *munḫul* und *ġurbâl* erhielt ich stets nur die Antwort, *munḫul* bedeute „Mehlsieb", *ġurbâl* dagegen „Getreidesieb", also genau dieselbe Erklärung, die ich oben angegeben habe. Ob im heutigen Ägypten ein Unterschied zwischen Riemen-, Haar- und Drahtsieben gemacht wird, habe ich leider nicht erfahren können. Der Erbsenröster sagte mir, er benutze ein *ġurbâl* aus Draht nur deshalb, weil ein *ġurbâl* aus Riemen beim Rösten der Kichererbsen versengt werden würde.

minhu, also „Kleie", heißt *nuḫâla*.[1]) Neben *naḫala* „Mehl sieben" auch *safsafa* (Ibn Sîda XI, 60; *Lisân* XI, 55 Z. 9; eigentlich „das Gute vom Schlechten trennen", cf. Ḥar. *Maq.* ed. Rein.-Dérenb., S. 230 Komment. und S. 375 Komment.).

Heutigentags siebt man in Syrien nach Wetzstein[2]) das Mehl mehrere Male, um Mehl verschiedener Qualität zu erhalten. Bei den Beduinen wird das zerriebene Getreide nur selten gesiebt (Musil, „Arabia petraea" III, 145). In den Dörfern ist nach Jaussen[3]) das *munḫul* allgemein im Gebrauch.

Wetzstein[4]) sagt, daß das Getreide nach dem Waschen nur mäßig getrocknet würde; „denn ausgedörrt würde es beim Mahlen zu viel durch Staubmehl verlieren". Ich vermute darin einen anderen Grund. Man ließ das Getreide feucht, um dadurch ein helleres Mehl zu erhalten. Daß so etwas schon im islamischen Mittelalter üblich war, zeigt Behrnauer a. a. O. S. 368.[5])

Die Ausdrücke für „die Mühle drehen" und „mahlen" sollen hier der Vollständigkeit halber aufgezählt werden:

1. *dârat, tadûru 'r-raḥà*[6]) (Dimišqî ed. Mehren, S. 181 Z. 17, S. 187 Z. 15).
2. *dawwara ('r-raǧulu) 'r-raḥà* (Dimišqî S. 181 Z. 14), *'adâra 'r-raḥà* (z. B. *Lisân* XV, 161 s. v. *ẓlm*).
3. *raḥautu (raḥaitu) 'r-raḥà, raḥau'tu bi-'r-raḥà* (scil. *al-burra*) (*Lisân* XIX, 26).
4. *ṭaḥanati 'r-raḥà (al-burra), ṭaḥantu bi-'r-raḥà* (scil.: *al-burra*) (Ibn Sîda XIII, 50; *Lisân* XI, 45; *Ṣiḥâḥ* II, 390).

---

1) z. B. *Maḥâsin at-tiǧâra* S. 30 Z. 14. Graf von Mülinen a. a. O. S. 161 gibt dafür: *nchâli* und *chuschkar*.

2) a. a. O. S. 4.

3) a. a. O. S. 65 f. Anm.

4) a. a. O. S. 3.

5) Über denselben Brauch bei den Hebräern siehe Löwy a. a. O. S. 17.

6) Sehr häufig; so z. B. auch in der sprichwörtlichen Redensart: *dârat raḥà 'l-harbi.*

5. *zallama* (*Lisân* XV, 161; Ibn Sîda XIII, 51).[1]
6. *ǧašša* „grob mahlen" (*Ṣiḥâḥ* I, 486; *Lisân* VIII 161).
7. *darmaka* „sehr fein mahlen" (*Lisân* XII, 306), vermutlich Denominativ vom Subst. *darmak*, das FRÄNKEL, A. F. 33 für persischen Ursprungs erklärt.
8. *damaka* (Ibn Sîda XIII, 50: *ad-damku .... aṭ-ṭaḥnu* und: *damakmakun sarîʿatu 'ṭ-ṭaḥni*).

Ferner unterscheiden die Araber besonders die Mühlendrehung rechts- und linksherum: *šazran* und *battan* (*Ṣiḥâḥ* I, 339; *Lisân* II, 312, VI, 72; Ibn Sîda XIII, 50).[2]

Für Mehl haben die Araber ebenfalls mehrere Wörter. Der am häufigsten vorkommende Ausdruck ist *ṭaḥûn* oder *ṭaḥîn* (bereits bei den altarabischen Dichtern; s. ferner Wörterbücher s. v. *ṭḥn*); daneben auch *ṭiḥn*. Ebenfalls sehr häufig ist *daqîq* (ebenda). In späterer Zeit scheint *ṭaḥîn* und *daqîq* stets gesiebtes Mehl zu bedeuten. *Ǧašîš* und *maǧšûš* (*Ṣiḥâḥ* I, 486; *Lisân* VIII, 161) möchte ich nicht als „Mehl" in unserem Sinne auffassen; es wird als „grob gemahlenes" bezeichnet und scheint mehr zerpreßtes oder zerstoßenes Getreide zu sein; Mehl und Kleie ist jedenfalls dabei nicht gesondert. Es wurde, wie es scheint, auch mehr für breiartige Gerichte verwandt, als für Brot.[3] *Lisân* VIII, 161 und 190 führt als dialektische Nebenform auch *dašîš* dafür an.[4]

---

[1]) Eine andere Bedeutung des Wortes s. o. S. 13.

[2]) LANE, Lex. läßt s. v. *battan* die Frage unentschieden, ob es heißt „links herum" oder „mit der linken Hand" (s. v. *šazran* gibt er der ersten Erklärung entsprechend nur „rechts herum" an). Obige Übersetzung dürfte aber durch *Lisân* II, 312: *ṭaḥana bi 'r-raḥà šazran wa-huwa 'llaḏî jaḏhabu bi 'r-raḥà ʿan jamînihi wa-battan ibtadaʾa 'idâratahâ ʿan jasârihi* und *Ṣiḥâḥ* I 339: *wa-ṭaḥantu bi 'r-raḥà šazran 'iḏâ 'adarta jadaka ʿan jamînika* gesichert sein.

[3]) s. o. *miǧašš* als Mühle für *ǧašîš*. — Vgl. dazu auch *Lisân* VIII, 161 Z. 5: *wa-qîla 'l-ǧašîšu 'l-ḥabbu ḥîna judaqqu qabla 'an juṭbaḫa fa-'iḏâ ṭubiḫa fa-huwa ǧašîšun.*

[4]) Daß *daqîq* feines, *dašîš* grobes Mehl ist, geht auch aus Ibn al-Ḥâǧǧ, *Kitâb al madḫal* III, 113. Z. 4 deutlich hervor.

Es ist gleichzeitig auch ein Gericht.[1]) Dem *ǧašîš* jedenfalls synonym ist *ǧadîd* (*Lisân* VIII, 161 Z. 12).[2])

Die beste Qualität von Mehl ist *ḥuwwârà* (DOZY, Suppl. I, 334; Belâḏorî ed. DE GOEJE 342, Z. 4). Es wird als besonders fein und von blendend weißer Farbe geschildert (*Lisân* V, 300; *Ṣiḥâḥ* ebenso): *wa-'l-ḥuwwârà 'd-daqîqu 'l-'abjaḍu wa-huwa lubâbu 'd-daqîqi wa-'aǧwaduhu wa-'aḫlaṣuhu* und: *al-ḥuwwârà mâ ḥuwwira mina 'ṭ-ṭa'âmi 'ai bujjiḍa* (*Lisân* a. a. O.). Über die Ableitung von *ḥuwwârà* siehe FRÄNKEL, A. F. 32. Dem *ḥuwwârà* ungefähr gleich ist *darmak* (*Ṣiḥâḥ* II, 133; *Lisân* XII, 306; DOZY, Suppl. I, 437), vermutlich ein persisches Wort (FAF 33). Ein weiterer Ausdruck dafür ist *samîd* und *samîḏ* von σεμίδαλις—סמידא (FAF 32; „Jewish Encyclopedia“ s. v. „Flour“; WETZSTEIN in ZDPV XIV, 1881, S. 4; VOLLERS in ZDMG L,S. 618 Nr. 18).[3]) Ferner, ebenfalls „feines Mehl“, *kumâǧ* (Ibn al-Ḥâǧǧ III, 121 Z. 4;[4]) DOZY, Suppl. II, 487), ein Fremdwort aus dem Persischen.[5]) *Ḫuškâr* ist „grobes Mehl“ (DOZY, Suppl. I, 373), ebenfalls aus dem

---

[1]) Vgl. dazu VAN BERCHEM, „Matériaux pour un corpus“ S. 494. Nr. 324, S. 495. Nr. 325, wo *dašîša* im Gegensatz zu *ḫubz* steht; ebenda S. 498 Anm. 2: *al-maṭbaḫu 'llaḏî tu'malu fîhi 'd-dašîšatu*; es wird also *dašîš* nicht im Backofen, sondern in einem *maṭbaḫ* gebacken.

[2]) Als weiteren Ausdruck für „grobmahlen“ und „grob Gemahlenes“ teilt mir Herr Prof. HESS *ǧaraša* und *ǧarîša* mit. Zu *ǧaraša* cf. *Ṣiḥâḥ* I, 486. Ebenso wie *ǧašîš* bedeutet auch *ǧarîša* gleichzeitig „grobgemahlenes Getreide“ als auch einen aus solchem Getreide hergestellten Brei. (Dieser Brei entsteht dadurch, daß man das zerstampfte Getreide 2—3 Stunden mit Wasser und Salz kocht.)

Mehl, das auf der Handmühle, *ar-raḥà*, gemahlen ist, heißt bei den Beduinen ebenfalls *daqîq* und *ṭaḥîn* (Mitteilung von Prof. HESS.)

[3]) Nach BECKER, „Beiträge zur Geschichte Ägyptens unter dem Islam“ I, 64 ist *samîd* besseres Mehl als *ḫuškâr*, nach S. 67 Z. 21 als *ḥuwwârâ*.

[4]) An dieser Stelle ist es jedoch unsicher, ob damit Mehl oder Brot gemeint ist.

[5]) VULLERS, „Lex. persico-latinum“: 1. genus panis notum peralbum, 2. panis subcinericius. *Kumâǧ* als Mehl gibt er nicht an. Nach Mitteilung des Lektors für Persisch am Seminar für Geschichte und Kultur des Orients in Hamburg, NISÂN, ist *kumâǧ* heute „Mehl“ und „Brot“, besonders aber „Brot“, und zwar eine kleine Sorte. cf. auch LANE, 1001 N. II, 377 note 3.

Persischen, cf. VULLERS, „Lex. persico-latinum“: „farina e qua furfures non excreti sunt.“ [1])

Für „Müller“ ist das gebräuchlichste Wort *ṭaḥḥân;* das Müllerhandwerk: *ṭiḥâna.* DOZY, Suppl. I, 517 führt nach „Journ. asiat.“ 1844 I, 413 noch *raḥwî, raḥawî* nnd *riḥâwî* für Müller an.

Das Mahlen wurde bei den Beduinen Frauen und Sklaven überlassen und galt als eines freien Mannes unwürdig.[2]) Auch in den Städten wurde das Mehl anfangs von den Frauen[3]) und Sklaven bereitet,[4]) und diese Sitte hat sich längere Zeit

---

[1]) Über die Benennungen der verschiedenen Qualitäten im heutigen Syrien und über die Art ihrer Herstellung vgl. WETZSTEIN in ZDPV XIV, 1891, S. 4 f.

Im heutigen Ägypten wird unterschieden einerseits zwischen *nuḫâla* grobe Kleie und *ridâda* oder *radda* feine Kleie — beide sind *'aḥmar* (rotbraun) —, andererseits, nachdem das Mehl vermittelst des *munḫul* gesiebt ist, zwischen dem *semît* (so, nicht *semîḏ*, in der vulgärarabischen Aussprache, vgl. SPITTA-BEY, „Grammatik des arabischen Vulgärdialekts von Ägypten“ S. 18; VOLLERS in ZDMG. LI, S. 298 Nr. 70; ebenso auch im Türkischen, vgl. REDHOUSE, „A turkish and english Lex.“ S. 1079) von weißer, etwas ins bräunliche übergehender Farbe (einen besonderen Ausdruck gibt es dafür nicht) und dem *daqîq,* dem feinen, weißen *('abjad)* Mehl. (Mitteilung des Lektors.)

Nach Graf VON MÜLINEN in ZDPV XXX, 1907, S. 161 bezeichnet *chuschkar* in Palästina heute „Kleie“.

[2]) FREYTAG, „Einleitung“ S. 228, JACOB, „Beduinenleben“ S. 88. FREYTAG, „Arabum proverbia“ II, S. 365 Nr. 157, *Ḥamâsa* ed. FREYTAG I, S. 337; auch Ibn Hišâm ed. WÜSTENFELD S. 672 Z. 18; ferner eine Stelle aus dem Hadîth, *Lisân* II, S. 145 Z. 18; Vgl. dazu auch „1001 Nacht“, MACN I, 419 Z. 1, wo ein Beduine von einem geraubten Mädchen sagt: „ich will sie zu mir nehmen, damit sie die Kamele hüte und Mehl bereite.“

[3]) Vgl. die Lisân II, 175, Z. 11 erwähnte Tradition über ʿÂ'iša: *wa-fî jadihâ 'aṯaru quṭbi 'r-raḥâ.*

[4]) Dieselbe Erscheinung finden wir auch bei den meisten anderen Völkern. Vgl. über Griechen und Römer: BLÜMNER, „Technologie und Terminologie der Künste und Gewerbe bei Griechen und Römern“ I, 1 f., 21, MARQUARDT, „Privatleben der Römer“ I, 143; II, 399; über die Hebräer: LÖWY, „Die Technologie und Terminologie der Müller und Bäcker in den rabbinischen

allgemein erhalten. Soweit man irgend konnte, ließ man auch noch in späterer Zeit das Getreide im Hause mahlen. In den geräumigeren Häusern der Wohlhabenden war die Anlage größerer Mühlen [1]) möglich. Auch waren reiche Leute in der Lage, die nötigen Sklaven und Sklavinnen zu halten.[2]) Handmühlen, die keinen Platz in Anspruch nahmen, fanden sich in kleineren Haushalten, wurden aber auch dort, wenn irgend möglich, von Sklavinnen bedient;[3]) sie blieben teilweise auch noch bei der ärmeren Bevölkerung der Städte in Benutzung;[4]) das Mahlen war dann natürlich Sache der Hausfrau.

Auf dem Lande, in den Dörfern und kleineren Ortschaften, ist es bis auf den heutigen Tag so geblieben. Man kann im Orient noch heute überall in den Dörfern frühmorgens die Frauen die *ǧârûša*,[5]) die Handmühle, drehen sehen.[6])

In den größeren Städten entwickelt sich daneben ein selbständiges Müllergewerbe. Damit entstehen dann größere Mühlenanlagen. Die Mühlengebäude liegen in den Gegenden, in denen die Tiermühle gebräuchlich ist, über die ganze Stadt

---

Quellen" S. 7. Riehm, „Handwörterbuch des biblischen Altertums" (1884) I, 140; für Ostafrika: Stuhlmann, „Handwerk und Industrie in Ostafrika" S. 24.

[1]) In einer Erzählung „1001 Nacht", Bresl. II, 258 (= Macn. I, 251) befindet sich im Hause eines wohlhabenden Mannes unten eine Mühle. Auch die „Descr. de l'Eg." XII, 431 berichtet, daß in Ägypten jeder einigermaßen Begüterte seine eigene Mühle hat; vgl. dazu auch Wetzstein, „Über die Siebe in Syrien" in ZDPV Bd. XIV, 1891, S. 4. Anm. Reitemeyer, „Städtegründungen der Araber" S. 150.

[2]) „1001 Nacht", Macn. I, 272, Z. 3 v. u. (= Bresl. II, 307); Löwy a. a. O. S. 12.

[3]) „1001 Nacht". Bresl. I, 91 (= Macn. III, 120); Bresl. XII, 257.

[4]) Vgl. Behrnauer, „Institutions de police chez les Arabes" etc. in „Journ. asiat." 1860 II, S. 182.

[5]) s. o. S. 15. Nach Musil a. a. O. III. 211 bedienen die Frauen auch „andere Mühlen"; welcher Art diese sind, gibt er nicht an.

[6]) Mündliche Mitteilung von Herrn Prof. Meissner in Breslau; vgl. auch Brugsch, „Aus dem Orient" I, 18; Musil a. a. O. III, 211.

verteilt.[1]) In den Gebieten, wo man Wassermühlen hat, ergibt sich die Lage natürlich aus den jeweiligen örtlichen Verhältnissen. Der Müller mahlt für einen vorher mit ihm ausgemachten Preis das Getreide, das ihm zu diesem Zwecke von den Einwohnern der Ortschaft übergeben wird. Als Transportmittel für das Getreide resp. Mehl bediente man sich neben Säcken[2]) auch eines Korbes[3]) oder eines Tonkruges.[4]) Daß daneben auch Lederschläuche[5]) zum Transport und Aufbewahren des Getreides und Mehls gebraucht wurden, beweist *Maḥâsin at-tiǧâra* S. 30 Z. 16 f. Größere Quantitäten Getreide ließ man durch Lastträger zum Müller bringen und ebenso wieder zurückschaffen.[6]) Kleinere Mengen brachte man entweder selbst dorthin, oder man ließ sie vom Müllerjungen abholen und wieder zurückbringen.[7]) Die Preise für das Mahlen blieben im wesentlichen gleich; sie erhöhten sich in Gegenden mit Tiermühlen dann, wenn sich die Arbeitstiere auf der Frühjahrsweide befanden.[8]) Man bezahlte den Preis entweder gleich bar beim Empfange des Mehls, oder man rechnete monatlich mit dem Müller ab.[9])

Im allgemeinen scheint die Müllerei im islamischen Mittelalter ein einträgliches Geschäft gewesen zu sein; auf Großbetrieb bezieht sich jedenfalls Maqrîzî, *Ḫiṭaṭ* I, 347 o.: *wa-*

---

[1]) Schurtz a. a. O. S. 162: „vereinzelt liegen namentlich die Mühlen, die von Maultieren getrieben werden und die mit ihrem leisen Summen und Klingeln die Stille so mancher einsamen Wohnstraße angenehm unterbrechen.“ Eine Abbildung eines derartigen Mühlenbetriebes einfacherer Art gibt die „Descr. de l'Eg.“ Pl. X. Nr. 1.

[2]) „Papyri Erzherzog Rainer“, Führer S. 180 Nr. 688.

[3]) Becker, „Beiträge“ I, 64, Z. 16: *quffa.*

[4]) Ibn al-Ḥâǧǧ a. a. O. III. 117 Z. 5,11: *wiʿâʾ.*

[5]) Wie bei den Hebräern, cf. Krengel, „Das Hausgerät in der Mišnah“, Frankfurt a. M. 1899. S. 47.

[6]) Ibn al-Ḥâǧǧ a. a. O. III, 117 Z. 4 u. ff.

[7]) Ibn al-Ḥâǧǧ a. a. O. III, 116 Z. 28 ff.

[8]) Gegen diesen Brauch kämpft Ibn al-Ḥâǧǧ a. a. O. III, S. 115 l. Z. an.

[9]) Ibn al-Ḥâǧǧ III, 120 Z. 8 f.

kâna min ǵumlatihâ ṭâḥûnun wâḥidun fîhi sab'atu 'aḥǵârin.[1]) Der Betrieb ruhte vielfach überhaupt nicht, sondern ging Tag und Nacht ununterbrochen fort.[2]) Bei den Wassermühlen war dies bei einiger Vorsicht und Aufsicht ein Leichtes. Umständlicher war es bei den Tiermühlen; hier mußten die Tiere häufig ausgewechselt werden.[3]) Auch bereitete es Mühe, die Tiere dauernd in Bewegung zu halten; sie mußten ständig angetrieben werden.[4])

Der Müller lieferte das Mehl, je nachdem es verlangt wurde, gesiebt oder ungesiebt. Wenigstens scheint es, daß das Sieben des Mehles nach dem Mahlen gleich vom Müller vorgenommen wurde.[5]) Nach Wetzstein[6]) geschieht auch das Reinigen des Getreides vor dem Mahlen in Syrien heute vielfach in der Mühle selbst. Wir dürfen etwas Ähnliches wohl auch für das islamische Mittelalter annehmen, jedoch nur für Gegenden, in denen, wie in Syrien, Wassermühlen in Gebrauch waren, da nur bei solchen eine Anlage, wie Wetzstein sie beschreibt, möglich ist.

Vielfach war der Müller nebenher auch Mehlhändler,[7]) der für eigene Rechnung Getreide einkaufte, es mahlte und dann in der Stadt vertrieb. Das Mehl wurde in diesem

---

[1]) Denn *fîhi sab'atu 'aḥǵârin* läßt sich wohl nicht anders erklären, als daß sich im Mühlengebäude 7 Mühlen befunden haben. — Vgl. auch Wiedemann, „Beiträge" X, 323.

[2]) Vgl. „1001 Nacht" Macn. I, 720, Z. 15 f. Ferner auch die Erzählung bei Macn. I, 253: *wa-daḫala 't-ṭaḥḥânu nisfa 'l-lailati . . . wa-lâ baqija jadûru fî hâḏihi 'l-lailati wa-'l-qamḥu 'indana katîrun.*

[3]) Ibn al-Ḥâǵǵ III, 114 Z. 10.

[4]) Vgl. „Descr. de l'Eg." XII, 432.

[5]) Ibn al-Ḥâǵǵ III, 12 Z. 31 f. Nach Wetzstein in ZDPV XIV, 1891, S. 3 f. ist es in Syrien heute allgemein so. — Nach Ibn al-Ḥâǵǵ III, 112 Z. 27 ff. scheint im islamischen Mittelalter auch das Ausdreschen des Getreides Sache des Müllers gewesen zu sein.

[6]) a. a. O. S. 3. Vgl. auch Behrnauer in „Journ. Asiat." 1860. II, 367.

[7]) Becker, „Beiträge" I, 64 Z. 16. Ibn al-Ḥâǵǵ a. a. O. III, 115 Z. 24 f. und 120 Z. 18 f.

Falle teils nach Gewicht verkauft,[1]) teils nach „Korb“ oder „Krug“.[2])

B. Der Bäcker.

Während in späterer Zeit die Araber in der Backkunst hervorragende Leistungen aufweisen und sich besonders in der Erfindung immer neuer Zuckerbackwaren geradezu als Meister zeigen, darf die Kunst des Backens in alter Zeit nicht allzu hoch veranschlagt werden. Daher auch der Vers *Ḥamâsa* ed. Freytag I, S. 792, in dem als etwas besonderes ein von einer Nabatäerin gebackenes knusperiges Brot erwähnt wird.[3]) Die unterworfenen Völker sind auch hier die Lehrmeister der Araber gewesen.[4]) Noch „1001 Nacht“ (Bresl. II, 307 = Macn. I, 272 Z. 3 v. u.) wird erzählt, daß ein besonders gutes Brot von einer Sklavin gebacken sei.

Es gibt bei den Arabern nur Gersten-, Mais- und Weizenbrot, letzteres besonders in Syrien (de Sacy, „Abdallatif“ S. 32; Wetzstein in „Zeitschr. f. Ethnologie“ XIV, 1882, S. (467) Anm.; Graf von Mülinen in ZDPV XXX, 1907, S. 138). Es gab eben außer diesen kein anderes Getreide. Roggen wurde in Ägypten und Syrien nicht angebaut (Wetzstein in ZDPV. XIV, 1891 S. 5 oben; vgl. auch Jaussen a. a. O. S. 65 f. Anm.). In den arabischen Papyri aus Ägypten werden daher auch stets nur Weizen und Gerste genannt (cf. „Papyri Erzherzog Rainer“, Führer, z. B. Nr. 669, 673, 772, 1291). Das gewöhnlichste Brot ist Gerstenbrot, hauptsächlich für die unteren Volksklassen. Als Speise der bemittelten Klassen und als Speise, um den Gast zu ehren, wird dann andererseits „sehr weißes“, also Weizenbrot, erwähnt (z. B. „1001 Nacht“, Bresl. II, 307: *'unẓur 'ilà hâḏa 'l-ḫubzi wa-bajâḍihi* und: *mâ ra'aitu*

---

1) Ebenda S. 115 Z. 18.

2) Becker, „Beiträge“ I, 64 Z. 16 f.: *wa-'aḫaḏa 'ṭ-ṭaḥḥânûna fi ṭaḥînini 'l-quffata 'l-qamḥa ḫamsata darâhima.*

3) S. auch Freytag, „Einleitung“ S. 291.

4) Vgl. auch Fränkel, AF S. 33 f.

'aḥsana min baj̆ḍâtihi). Macn. II. 555 Z. 13 wird: *ḫubzun naqîjjun 'abjaḍu* erwähnt und Macn. I, 634 Z. 1: *ḫubzun miṯlu 'l-quṭuni* („Brot so weiß wie Baumwolle"). Vgl. auch Wetzstein in „Zeitschr. f. Ethnologie" XIV, 1882 S. (467) Anm. Übrigens unterschied man ebenso wie bei uns „Weißbrot" und „Schwarzbrot" (vgl. Becker, „Beiträge" I, 65 Z. 21: *al-hubzu 'l-'aswadu*).

Das Mehl wird mit Wasser und Salz angerührt,[1]) bei besseren Brotsorten auch mit Milch, Butter und Honig. Für das Anrühren des Teiges mit Fett haben die Araber den Ausdruck *ratana* (Ibn Sîda V, 7: *ar-ratnu .... ḫalṭu 'š-šaḥmi bi 'l-ʿaǧîni, Lisân* XVII, 34: *ar-ratnu .... ḫalṭu 'l-ʿaǧîni bi 'š-šaḥmi*).[2])

Der Teig heißt *ʿaǧîn;* auch *ʿagûna* kommt vor (Ibn al-Ḥâǧǧ a. a. O. III, 118 Z. 26). Für das Hinzufügen von Wasser, um ihm die nötige Weichheit zu geben, gibt es im Arabischen eine ganze Anzahl von verschiedenen Wörtern:

taḫḫa I, IV (*Lisân* III, 487; Ibn Sîda V, 7).

raḫifa I, IV (*Ṣiḥâḥ* II, 26; *Lisân* XI, 13; Ibn Sîda V, 7).[3])

wariḫa I, IV, V (Ibn Sîda V, 5; *Ṣiḥâḥ* I, 209; *Lisân* IV, 33).

maraḫa I, IV (Ibn Sîda V, 5; *Ṣiḥâḥ* I, 207).

maraġa I, IV (Ibn Sîda V, 5); nach *Lisân* X, 333 Z. 12 und *Ṣiḥâḥ* II, 7 nur eine dialektische Nebenform von *maraḫa*.

rataḫa (*Ṣiḥâḥ* I, 202; *Lisân* III, 494).

---

[1]) cf. Ibn al-Ḥâǧǧ a. a. O. III, 120 Z. 31 f., Graf von Mülinen in ZDPV XXX, 1907, S. 162.

[2]) Das an beiden Stellen angeführte Wort *mirtana* (Ibn Sîda) und *murattana (Lisân)* scheint, da es an beiden Stellen als: *al-ḫubzatu 'l-mušaḥḥamatu* erklärt wird, nicht „mit Fett angerührter Teig", sondern „mit Fett bestrichenes Brot" zu sein.

[3]) Zu *raḫifa* und *raḫḫa* vgl. Růžička, „Die Wurzel rʿ in den semitischen Sprachen" in ZA XXV, 1911, S. 122.

raḫḫa I, IV, VIII (Ibn Sîda V, 5; *Lisân* III, 495).[1])

„Dünner Teig" heißt entsprechend diesen Wörtern: *raḫf* und *raḫîfa; warîḫa; taḫḫ;*[2]) *raḫraḫ* und *ratḫ*. Daneben kommt noch *ḍawîṭa* (Ibn Sîda V, 5; *Ṣiḥâḥ* I, 556; *Lisân* IX, 218; danach auch einfach = *ʿaǧîn*) vor.

Die wichtigste Arbeit bei der Herstellung des Brotes ist das Kneten. Der gewöhnlichste Ausdruck dafür ist *ʿaǧana* (Ibn Sîda V, 5; *Ṣiḥâḥ* II, 392; *Lisân* XVII, 148); auch *iʿtaǧana* (*Ṣiḥâḥ* II, 392) kommt vor. Es geschieht, ebenso wie auch das Anrühren des Teiges in Schüsseln.[3]) Diese Schüssel heißt *miʿǧan* (Idrîsî, S. 70 unten).

Ein anderer Ausdruck für „kneten" ist *malaka* (Ibn Sîda V, 5; XI, 60; *Lisân* XII, 385) und *'amlaka*. Letzteres nach *Ḥamâsa* ed. Freytag I, S. 86 Komment. (*malaktu 'l-ʿaǧîna wa-'amlaktuhu 'iḏâ bâlaġta fî ʿaǧnihi*) besonders zur Betonung des darauf verwandten Eifers; auch *Lisân* (a. a. O.) so. Nach anderen sind die Bedeutungen der beiden Stämme gleich (cf. Ibn Sîda V, 5). Ein direktes Synonymon von *ʿaǧana* ist *malaka* nicht; denn *malaka* bezeichnet nicht ein-

---

[1]) Davon wahrscheinlich abgeleitet *el-mraḫraḫ* (also vielleicht richtiger *mraḫraḫ*), das bei den heutigen Beduinen ein gesäuertes Brot bezeichnet. (Musil, „Arabia petraea" III, 148).

[2]) *taḫḫ* wird an derselben Stelle *Lisân* III, 487 auch als: *al-ʿaǧînu 'l-ḫâmiḍu* erklärt; ebenso *Ṣiḥâḥ* I, 201, Ibn Sîda V, 5.

[3]) Ibn al-Ḥâǧǧ a. a. O. III, 121. Z. 21. — Über die Herstellung und das Kneten des Teiges bei den Beduinen und auf dem Lande schreibt Musil, „Arabia petraea" III, 146: „wenn man Teig machen will, so nimmt man dazu den flachen *ṣaḥen*-Teller oder die Holzschüssel, *ḳarwa bâtiji, muḫmar*. Auf der Reise genügt oft auch das Lederstück, das auf dem Sattel liegt. Man macht eben eine kleine Grube im Sande, legt das Leder darauf und kann schon den Teig machen." Vgl. auch Euting, „Reise in Innerarabien" I, 42; Jaussen a. a. O. S. 65 Anm. (Jaussen hat *maḫmar*); „1001 Nacht", übers. von Lane I, S. 41 note 37, — Graf von Mülinen a. a. O. S. 162 schreibt: „Die Weiber kneten das *ṭḥîn ennâʿim* in einem Trog (wenn aus Holz als *bâṭi*, wenn aus Blech als *ledschen* bezeichnet) unter Zusatz von Wasser und Salz zu Teig".

fach die Tätigkeit des „Knetens“, sondern mehr den Abschluß der Tätigkeit, daß der Teig genügend durchgeknetet ist, so daß er sich zum Backen eignet. Vgl. auch außer *Lisân* die Erklärung der Scherzfrage bei Ḥarîrî ed. Rein.-Dérenb. S. 414.[1])

Als Benennungen für „Teig“ in dieser Beziehung führt *Lisân* XII, 385: *mamlûk, mumlak* und *mumallak* (demnach kommt außer *malaka* I und IV auch *mallaka* vor) an.

Der Ausdruck *malaka* erscheint in der Literatur nur selten, scheint demnach weniger gebräuchlich gewesen zu sein; doch muß er in obigem Sinne bekannt gewesen sein, da die erwähnte Scherzfrage des Ḥarîrî sonst nicht hätte verstanden werden können.

Im Neuarabischen außerdem auch *ʿaraka;* es gibt in Damascus nach Wetzstein in ZDMG XI, 1857 S. 519 ein Brot *al-maʿrûk* „das stark geknetete“.[2])

Um das Aufgehen des Teiges zu beschleunigen, wird demselben Sauerteig beigefügt: *ḫamîr, ḫamîra, ḫumra* (*Ṣiḥâḥ* I, 315; *Lisân* V, 340; Ibn Sîda V, 6). Nach Fränkel, A. F. S. 33 Lehnwort aus dem Aramäischen. Die Wörter *ḫamîr* und *ḫamîra* bezeichnen sowohl den „Sauerteig“[3]) selbst, als auch den „gesäuerten Teig“. Nach „Descr. de l'Eg.“ XII, 431 wird als Sauerteig ein wenig der letzten Teigmasse verwendet.[4]) Das Verbum ist *ḫamara* I und II; *ḫammara* bedeutet gleichzeitig auch: „warten, bis der Teig aufgeht“ (*Lisân* V, 340 Z. 9); letzteres heißt *iḫtamara* (*Ṣiḥâḥ* I, 382 s. v. *fṭr*) und *inkasara* (*Lisân* VI, 454 Z. 3 ff.). Daneben kommt noch *daraka* IV (Ibn Sîda V, 6; *Lisân* XII, 173 beide s. v. *ftq*; *Ṣiḥâḥ* I, 382 s. v. *fṭr*) vor. Dem *ḫamîr* und *ḫamara* sind synonym: *fitâq* und *fataqa* (Ibn Sîda V, 6 Z. 7; *Lisân* XII, 173).[5])

---

[1]) *al-mamlûku 'l-ʿağinu 'llaḏi qad 'uğida ʿağnuhu ḥattà qawija.*

[2]) S. darüber w. u.

[3]) Hauptsächlich im Volksmund (*Lisân* V, 340).

[4]) Vgl. dazu auch *Ṣiḥâḥ* I, 315 (= *Lisân* V, 340 Z. 10.)

[5]) Musil, „Arabia petraea“ III, 148 nennt folgende Ausdrücke für gesäuertes Brot bei den heutigen Beduinen: *el-ḫamer* (Stamm der Kerakijje), *el-ḫmêra, al-ḫamîr, el-mraḥraḥ, ḫammâri* (Stamm der Sâʿîdijjin).

Im allgemeinen wird im Orient das Brot nur wenig oder gar nicht gesäuert. Die Beduinen kennen nach BURCKHARDT, „Bemerkungen über die Beduinen und Wahabi“ S. 194 [1]) fast nur ungesäuertes Brot.[2]) Siehe auch „Descr. de l'Eg.“ XVI, 187. In den Städten ist es aber auch häufig kaum anders. Nach „Descr. de l'Eg.“ XVIII, 2 S. 375 wird das Brot in Kairo ebenfalls ohne Sauerteig gebacken, oder nur wenig gesäuert. Auch in „1001 Nacht“ ist sehr häufig von ungesäuertem Brote die Rede. Ungesäuerter Teig heißt *faṭîr* (Ibn Sîda V, 6; *Lisân* V, 340 s. v. *ḫmr*; *Ṣiḥâḥ* I, 382, hier wird es erklärt als: *ḫilâfu 'l-ḫamîri*) und *ǵabîz* (Ibn Sîda V, 6 Z. 18); „den Teig nicht säuern“ oder „ungesäuertes Brot backen“ heißt *faṭara*.[3])

Sobald der Teig genügend geknetet und aufgegangen ist, wird er entsprechend dem zu backenden Brote in einzelne Stücke zerteilt: *qaṭṭaʿa*,[4]) und wird zu flachen runden Kuchen

---

[1]) Zitiert nach JACOB, „Beduinenleben“ S. 89; vgl. auch MUSIL a. a. O. III, 145.

[2]) Die Gründe dafür brauchen nicht erst näher dargelegt zu werden. Gesäuertes Brot kommt erst zusammen mit der Ansiedelung auf und wird dann allgemein üblich. VÖLTER, „Passah und Mazzoth und ihr ägyptisches Urbild“ (Leiden 1912) S. 21 zieht daraus den Schluß, daß das Essen von ungesäuertem Brote als besonderer Festbrauch bei den Juden auf eine Zeit zurückgeht, in der die Juden noch Nomaden waren.

[3]) Noch heute bei den Beduinen *faṭir*, MUSIL a. a. O. 145, JAUSSEN a. a. O. 65 f. Anm. — SNOUCK HURGRONJE, „Mekka“ II, 116: Gesäuertes Brot: *chemîrah*, ungesäuertes Brot: *fetîrah*. — Vgl. zu *faṭîr* und *faṭîra* auch DOZY, Suppl. II, 268.

Heutigentags heißt *faṭîr* allgemein „Frühstück“ (cf. z. B. „Descr. de l'Eg.“ XVI, 187). Der Stamm *fṭr* bedeutet in den semitischen Sprachen „lösen, durchbrechen“, im Arabischen speziell heißt es: „das Fasten brechen.“ *faṭîr* „Frühstück“ ist jedenfalls zu dieser Bedeutung zu stellen (man vgl. z. B. das englische „breakfast“). *faṭîr* = Frühstück und *faṭîr* = ungesäuertes Brot läßt sich vielleicht in der Weise zusammenbringen, daß man frühmorgens ungesäuertes Brot aß. *faṭara* in der Bedeutung „ungesäuertes Brot backen“ würde dann erst sekundäre Bedeutung sein. — Auch im Syrischen heißt übrigens *paṭîrâ* ungesäuertes Brot (cf. z. B. Matth. XXVI, 17). — Vgl. zu *faṭara* auch NÖLDEKE, „Neue Beiträge“ S. 49, 161).

[4]) So ist jedenfalls *qaṭṭaʿa* in der Kapitelüberschrift Ibn Sîda V, 5 zu verstehen. Vgl. ferner Ibn Sîda V, 6 Z. 9 und *Lisân* XII, 59, Z. 2 f.

geformt: *raġafa* (Ibn Sîda V, 6 Z. 14) *'aqraṣa* („1001 Nacht" Bresl. XII, S. 264)[1]) und *qarraṣa* (Ibn Sîda V, 6 Z. 21; Ibn al-Ḥâǧǧ III, 120 Z. 23) und zwar zwischen den Handflächen (Euting, „Reise in Innerarabien" I, 43); ferner: *ḥawwara*, das aber neben dem Formen des Brotes zugleich auch die Herrichtung und Fertigstellung zum Backen ausdrückt, *Lisân* V, 303: *ḥawwara 'l-ḫubzata .... hajja'a wa-'adârahâ lijada'ahâ fi 'l-mallati*, ebenso *Ṣiḥâḥ* I, 311.[2]) Zur Herstellung des weitverbreiteten „Fladenbrotes"[3]) bedient man sich einer besonderen Teigwalze. Es gibt dafür eine ganze Reihe Ausdrücke. Es scheinen Synonyma zu sein. Wenigstens ist es nicht möglich besondere Unterschiede festzustellen. Ich muß mich daher lediglich auf eine Aufzählung beschränken:

miḥwar (Ibn Sîda V, 7 Z. 4; *Lisân* V, 303; *Ṣiḥâḥ* I, 311).

mirqâq (*Lisân* IX, 267 s. v. *ltt*).

ṣaubaǧ, Fremdwort aus dem Persischen (*Lisân* IX, 267 s. v. *ltt*).

miltât (*Lisân* IX, 267).

midmak (*Lisân* XII, 314).

miṭmala (*Lisân* XII, 314 s. v. *dmk*).

miḥlâǧ (Ibn Sîda V, 7; *Lisân* III, 63).

Dieses Instrument, das unserer Kuchenrolle entspricht, ist meistens aus Holz, manchmal aus Eisen. Es wird fast stets durch *ḫašaba* erklärt. Als Beschreibung von *miḥwar* gibt

---

[1]) Wiedemann, „Beiträge" XXVI, S. 211 übersetzt *'aqraṣa* (bei *Ǧaubarî, Kitâb al-muḫtâr fî kašf al-'asrâr*, in der mir zur Verfügung stehenden Ausgabe o. O. vom Jahre 1302, S. 103, Z. 5) „den Teig zu flachen Scheiben auswalgern."

[2]) Freytag, Lex: instrumento *miḥwar* rotundavit panem; ebenso Lane, Lex.

[3]) Fast sämtliches Brot im Orient hat die Form großer, runder Fladen. Vgl. z. B. Musil a. a. O. III, 148; Lane a. a. O. I, 144; Niebuhr, „Arabien" 51 f.; „Descr. de l'Eg." XVII, 431; Euting a. a. O. I, 42 f. und 210; Neumann, „Die heilige Stadt und ihre Bewohner" (Hamburg 1877) S. 432; Riehm a. a. O. I, 140; „Jewish Encyclopedia" s. v. „Bread" und II, 462 s. v. „Baking"; Weiss, „Kostümkunde des Altertums" I, 164.

Lisân V, 302: *al-ḥadîdatu 'llatî tadûru 'alaiha 'l-bakaratu juqâlu lahâ miḥwarun* und *Ṣiḥâḥ* I, 311: *al-miḥwaru ..... al-'ûdu 'llaḏî tadûru 'alaihi 'l-bakaratu wa-rubbamâ kâna min ḥadîdin* [1]). Die Ausdrücke für „den Brotteig plattdrücken" sind *basaṭa* (*Lisân* V, 303 s. v. *hâr;* Ibn Sîda V, 7), *wasa'a* (*Lisân* XII, 314 s. v. *dmk*), *ḥalaǧa* (Ibn Sîda V, 7; *Lisân* III, 63), *dawwara* (Ibn Sîda V, 7; *Lisân* III, 63 s. v. *ḥlǧ*).

Einige andere Ausdrücke, die sich auf den Teig beziehen, sollen hier mit ihren Erläuterungen nach Ibn Sîda kurz aufgezählt werden:

1. V, 6 Z. 11: *al-'uṣnûǧatu wa-'z-zu'âliqatu .... al-qiṭ'atu mina 'l-'aǧîni.*
   Vgl. dazu *Lisân* III, 136 Z. 10: *al-'uṣnûǧatu .... az-zu'âliqatu mina 'l-'aǧîni.*
2. V, 6 Z. 9: *al-mušannaqu .... al-'aǧînu 'llaḏî juqaṭṭa'u wa-ju'malu bi-'z-zaiti wa-'smu kulli qiṭ'atin minhu farazdaqatun wa-ǧam'uhu farazdaqun.*
   Vgl. dazu *Lisân* XII, 59 Z. 2 ff.: *al-mušannaqu 'l-'aǧînu 'llaḏî juqaṭṭa'u wa-ju'malu bi-z-zaiti .... 'iḏâ quṭṭi'a 'l-'aǧînu kutalan 'alà 'l-ḫiwâni qabla 'an jubsaṭa fa-huwa 'l-farazdaqu.*
3. V, 7: *aš-šaubu .... al-qiṭ'atu mina 'l-'aǧîni.*

Jetzt kann das eigentliche Backen vor sich gehen. Das Wort dafür ist abgeleitet von dem der arabischen Sprache ursprünglich fremden Substantiv *ḫubz* [2]) und lautet *ḫabaza* I, VIII (Ibn Sîda V, 6; *Lisân* VII, 210; *Ṣiḥâḥ* I, 427). [3]) *Iḫtabaza* bezieht sich zugleich auf die ganze Herstellung des Brotes, vom Anrühren des Teiges bis zum eigentlichen Backen,

---

[1]) Vgl. Lane, Lex; Löwy a. a. O. S. 25. Siehe auch Weiss a. a. O. I, S. 164: „Zur Zubereitung des Teiges wird gewöhnlich ein steinernes Mangelgerät verwendet. Es ist dies auch nur eine leicht konvex ausgeschliffene Unterlage und eine dementsprechend lange, steinerne Walze." — Eine Abbildung dieser Teigrollen s. bei Lehmann, „Armenien" S. 187.

[2]) s. Nöldeke, „Neue Beiträge" S. 56.

[3]) Auch hier beschränke ich mich darauf, nur die Stellen aus den Wörterbüchern anzugeben.

Lisân VII, 210: *iḫtabaza fulânun 'iḏâ 'âlaǧa daqîqan ja'ǧunuhu ṯumma ḫabazahu fî mallatin 'au tannûrin*, ferner: *iḫtabazahu 'amilahu.* Das Wort *ḫabaza* wird auch erklärt durch: *ḍaraba bi-'l-jadaini* (z. B. Ibn Sîda V, 6). Daß sich dies auf das Kneten bezieht, halte ich für ausgeschlossen, wahrscheinlich bezieht es sich auf einen Brauch, der w. u. noch besprochen wird.

Die einfachste Art, das Brot zu backen, besteht darin, daß man den fertigen Brotteig in glühende Asche legt und mit Asche zudeckt. Dies geschieht besonders bei den Beduinen (Jacob, „Beduinenleben" S. 89; Musil a. a. O. III, 149)[1] und auf dem Lande. Noch heutzutage findet sich dieser Brauch z. B. bei den Fellachen in Ägypten.[2] Aber auch im Haushalt in der Stadt scheint dieser Brauch üblich gewesen zu sein. Die glühende Asche heißt *malla,* doch bezeichnet dieses Wort auch das Loch, das man ausgräbt, um darin das Brot in der Asche zu backen (*Lisân* XV, 262).[3] Den „Brotteig in der Asche backen" heißt *malla* (Ibn Sîda

---

[1]) Vgl. außerdem Niebuhr, „Arabien" S. 51 f.; Euting, „Reise in Innerarabien" I, 42 f.

Über das Brotbacken bei den heutigen Beduinen schreibt mir Herr Professor Hess folgendes: „Brot wird mit feingemahlenem Weizenmehl, etwas Salz und Wasser gemacht. Der zu einer Scheibe geformte Teig wird unter der heißen Asche auf dem zuvor erhitzten Sandboden gebacken und heißt dann: *gyrṣ.* Das so zubereitete Brot wird entweder so gegessen oder in Stücke zerrissen und mit geschmolzener Butter *(sémen)* zusammen geknetet *(gyrṣen me'afûs).*

Bei den 'Aeneze und den Ḥaḏar des Neǧd wird das Brot eher auf vorher erhitzten Steinen gebacken und dies heißt dann: *ḫubz 'alà reḍâf,* خبز على رضاف (vgl. Burckhardt, „Beduinen" 47)."

Wie mir ferner Herr Privatdozent Dr. Kahle während seines Aufenthaltes in Hamburg mitteilte, wird bei den Beduinen vielfach der Teig auf einen erhitzten großen Stein, der sich in einem ausgegrabenen Loche befindet, gelegt, dann mit einer Schicht Sand bestreut und das Ganze mit glühender Asche zugedeckt.

[2]) Mündliche Mitteilung von Herrn Prof. Dr. Becker.

[3]) S. auch Lane, Lex. s. v.; Dozy, Suppl. II, 608.

V, 7; *Lisân* XIV, 152) und *imtalla* (*Ṣiḥâḥ* II, 240); für den Teig im Feuer einen Platz zurechtmachen *faḥaṣa li-'l-ḫubz* (Ibn Sîda V, 8 Z. 3). Das in der Asche gebackene Brot jeder Art wird ganz allgemein *ḫubz al-malla* (*Lisân* XIV, 152; Ibn Sîda V, 7) oder *ḫubz malîl* (ebenda und *Ṣiḥâḥ* II, 240) genannt. Auch die Bezeichnung *mamlûl* kommt vor (*Ṣiḥâḥ* a. a. O.).[1]) Dieselbe Bedeutung wie *malla* haben auch *nada'a* und *fa'ada* (Ibn Sîda V, 7).

Häufig wird als Unterlage für den Teig ein platter Stein, *ṭulma* genannt, oder eine Metallplatte verwendet (*Lisân* XV, 265).[2]) Später wurden, wenigstens im städtischen Haushalt,

[1]) Im Volksmunde findet sich dafür auch einfach die Bezeichnung *malla*, doch wird dies von den arabischen Lexikographen als schlechtes Arabisch verurteilt. Vgl. z. B. Ibn Sîda V, 7; ferner *Ṣiḥâḥ* II, 309 s. v. *ṭlm*; Dozy, Suppl. II, 668. — Jaussen a. a. O. S. 64: *malla*; Musil a. a. O. III, 148 f.: *ḫubez mall, melle*.

[2]) Bei den Beduinen ist auch diese Backart noch heute üblich. Der Ausdruck für diese Platten oder Schüsseln ist heute: *ṣâǧ* (Oppenheim und Jaussen: *sâǧ*). Wetzstein schreibt in ZDMG XXII, 1868, S. 104 Anm. über den schüsselförmigen *ṣâǧ*: Der *ṣâǧ* ist der tragbare Backofen der Nomaden. Er besteht als einheimisches Präparat aus Schmiedeeisen und als europäischer Importartikel aus Gußeisen von mäßiger Dicke (ca. $^1/_5$'') und hat die Form des Segments einer Hohlkugel, dessen Peripherie 1—1½ Elle Durchmesser hat. Man stellt den *ṣâǧ* auf drei Steine (*'aṯâfi*), so daß sein konkaver Teil der Erde zugekehrt ist. Zwischen den drei Steinen wird das Feuer angemacht und wenn das Eisen erhitzt ist, werden auf seinem nach oben gekehrten konvexen Teile die frischgemachten Brote aufgelegt, welche den ungefähren Umfang und die Dicke eines mäßigen porzellanenen Desserttellers haben, also nicht lange zu backen brauchen; die ausgebackenen werden immer durch neue ersetzt. Während des ganzen Geschäfts muß ein mäßiges Feuer unterhalten werden. Das Brennmaterial sind Wüstenpflanzen oder getrockneter Kamelmist." Vgl. dazu auch Wetzstein in „Zeitschrift f. Ethnologie" XIV, 1882, S. (480). Musil, a. a. O. III, 148 ff.; Jaussen a. a. O. S. 64; Riehm a. a. O. I, 141; Weiss a. a. O. I, 164; Niebuhr a. a. O. 51 f.; von Oppenheim a. a. O. II, 133; Löwy a. a. O. S. 23; „Jewish Encyclopedia" II, 462 s. v. „Baking". In Ägypten ist der Name für diese Platte heute ebenfalls *ṣâǧ* (Mitteilung des Lektors); auch Dozy, Suppl. I, 852 hat dafür *ṣâǧ*, nicht *sâǧ*.

Jäger, „Das Bauernhaus in Palästina" S. 38 schreibt über den *ṣâǧ*: „Wird das Brot im Hause gebacken, dann gebraucht man meist eine

flache Schüsseln, *ṭubuq* (nach Dozy, Suppl. II, 25 auch *ṭābiq*) benutzt,[1]) die dann wohl auf den Herd über regelrechtes Feuer gestellt wurden. „1001 Nacht", Bresl. IV, 136[2]) wird *ḫubz muṭabbaq*[3]) erwähnt, vgl. dazu Dozy, Suppl. II, 25 *ḫubz aṭ-ṭâbiq;* nach Dozy, Suppl. II, 56 dafür auch *maṭlûʿ*.[4])

Während *ḫubz al-malla* etc. ganz allgemein jedes in oder über der Asche gebackene Brot bezeichnet, scheinen andere Ausdrücke für bestimmte, voneinander verschiedene Brotsorten zu gelten:

ṭurmûs oder *ṭumrûs* (Ibn Sîda V, 7 führt außerdem noch die Form *ṭurmûṯ* an), ein Fremdwort aus dem Aramäischen (Fränkel, A. F. S. 35). Die Lexikographen erklären es nur als *ḫubz al-malla* (*Lisân* VII, 248; Ibn Sîda V, 7).[5])

---

runde, gewölbte Form aus Eisenblech, *ṣâǧ* genannt. Die Höhe der Wölbung war in bestimmten Fällen 9 cm, der Durchmesser der Form 52,5 cm lang. Beim Gebrauche wird die Form auf den Herd aufgelegt, mehrere Teigfladen werden auf ihr ausgebreitet und gebacken; damit das Brot nicht verbrennt und die Form nicht so sehr durch das Feuer abgenutzt wird, ist die untere Fläche mit feuchter Asche bestrichen."

Herr Prof. Hess teilt mir folgendes mit: „Bei den Fellâḥîn und den Ḥaḍar des Neǧd wird der *Gyrṣ* auf einem eisernen Blech *ṣâǧ* (mit *ṣ*, Burckhardt „Beduinen" 46 und Jaussen 64 unrichtig mit *s)* gebacken. Der *ṣâǧ* ist kreisrund und zum Aufhängen mit einem Ringe versehen."

An Stelle eines Bleches bedient man sich auch einer mit einem Rand versehenen Tonplatte. Dies teilte mir Herr Prof. Hess von dem Beduinenstamm der Aulâd ʿAlî westlich von Alexandrien mit. Diese Tonplatte heißt *ṭaǧûn* (= τάγηνον, τήγανον); vgl. Dozy, Suppl. II, 27 und Beaussier, „Dictionn. Arab.-français" S. 392 *(ṭâǧin);* FAF S. 69; *Ṣiḥâḥ* II, 390; *Lisân* XVII, 143 *(ṭaiǧan* und *ṭâǧan, ṭâǧin).*

[1]) Vgl. auch „Papyri Erzherzog Rainer", Führer S. 188, Nr. 721.

[2]) Fehlt bei Macn.

[3]) Vgl. aber Snouck Hurgronje, „Mekka" II, 143 Anm. 3.

[4]) Nach Dozy, Suppl. II, 497 für „Backschüssel" auch *kâra*. Ich glaube aber, daß es sich hier nur um eine Platte handelt, auf der der Teig geformt und plattgedrückt wird; denn über das Backen selbst heißt es an der bei Dozy zitierten Stelle: *julzaqu fî ḥâʾiṭi 't-tannûri* (s. dar. w. u.).

[5]) Vgl. auch Löwy a. a. O. S. 47 nebst Anm. 1; Jaussen a. a. O. S. 65 f. Anm. schreibt über die Herstellung dieses Aschenbrotes: „la pâte, arrondie en tourte, est déposée dans un trou, au milieu duquel a été

Ein anderes Brot, das in der Asche gebacken wird, heißt *ṭulma*[1]) („Arab. proverbia“ ed. FREYTAG I, S. 131 Nr. 404). Nach FRÄNKEL, A. F. S. 35 ebenfalls ein aramäisches Fremdwort. Auch dieses Wort wird nur als *ḫubz malîl* erklärt (*Lisân* XV, 262; *Ṣiḥâḥ* I, 427, II, 309).[2]) Von dem Worte sind als Denominativa abgeleitet *ṭalama* und *ṭallama*, die beide im *Lisân* (a. a. O.) als *ḍaraba 'l-ḫubz* erklärt werden: *at-taṭlîmu ḍarbuka 'l-ḫubzata* und: *'aṣlu 't-ṭalmi 'ḍ-ḍarbu bi-basṭi 'l-kaffi.*

Als Drittes nennt Ibn Sîda V, 7 *'uṣṭukma.*[3]) Es wird dort, sowie *Lisân* XV, 232 ebenso erklärt wie die vorhergehenden. Im *Ṣiḥâḥ* ist dies Wort nicht angeführt. Vielleicht ist darum der Schluß berechtigt, daß es weniger gebräuchlich war.[4])

In festen Wohnsitzen bedient man sich bereits in alter Zeit des Backofens. Es gibt hierfür drei Ausdrücke:

1. *tannûr.*
2. *ṭâbûn* und *ṭâbûna.*
3. *furn.*

1. Tannûr.

Tannûr (FRÄNKEL, A. F. S. 26),[5]) assyrisch *tinûru,* hebräisch תַּנּוּר; schon von den Arabern als Fremdwort erkannt, *Mu'arrab*

---

allumé un feu actif; la cendre et la braise sont ramenées sur la galette; le pain cuit de cette manière est appelée *tarmouṣ.* En route spécialement les Arabes préparent le *tarmouṣ,* parce qu'ils n'emportent point d'instrument avec eux.“ Nach JAUSSEN ist diese Brotart auch in den Dörfern bekannt; dort wird sie aber im Backofen *(tannûr)* gebacken.

[1]) Vgl. auch LÖWY a. a. O. S. 43.

[2]) Vgl. auch *Lisân* VII, 210 s. v. *ḫbz.*

[3]) Wahrscheinlich von dem griechischen στάγμα Getröpfel (von σταγών Tropfen).

[4]) Außer diesen Ausdrücken hat MUSIL a. a. O. III, 148 f. folgende gesammelt. Für großes und fest geknetetes Brot: *šrâk, šarakât, faršaḫe, farâšeḫ,* für großes, aber dünnes Brot, dessen Teig ziemlich wässerig ist: *maṣlîji, ḫubez mall, melle,* für ganz kleines Brot: *lazâḳi, ka'ak, ḫamâḫek;* ferner für das Brot, das ohne Unterlage in der Asche gebacken wird: *ḳurṣ nâr.* JAUSSEN a. a. O. S. 64 u. 65 f. Anm.: *raġîf, qurṣa, lizzâqa, šarâka.*

[5]) S. auch FREYTAG, „Einleitung“ S. 291; GESENIUS, „Handwörterbuch“; DELITZSCH, „Assyr. Handwörterbuch“ S. 711; „Literar. Zentralblatt“ vom

ed. SACHAU S. 36. Vgl. ferner die vielen vergeblichen Erklärungsversuche, so z. B. *Lisân* V, 162, wo es unter *tnr*, einem Stamme, den die arabische Sprache nicht kennt, angeführt ist, und Ṭebrîzi's *Ḥamâsa*-Kommentar ed. FREYTAG I, S. 793. Das Wort kommt bereits im Qorân vor (Sûre XI, 42 und XXIII, 27). Es bedeutet dort noch keineswegs „Backofen"; es ist in beiden Versen nur die Feuerstelle. Baiḍâwî erklärt es aber in seinem *Tafsîr* zu Sûre XI, 42 als: *tannûru 'l-ḫubzi.*[1]) Demnach scheint man zur Zeit Baiḍâwî's († 685 H)[2]) das Wort allgemein als „Backofen" aufgefaßt zu haben. Es kommt schon in der älteren Literatur vor, z. B. in der oben zitierten *Ḥamâsa*-Stelle. Auch bei Ḥarîrî finden wir es, ed. REIN.-DÉRENB. S. 224; doch ist nicht mit Sicherheit zu sagen, daß wir es hier mit einem regelrechten Backofen zu tun haben; ferner z. B. Ibn Hišâm ed. WÜSTENFELD S. 149: *tannûrun mina 'n-nâri* in der Bedeutung „Höllenfeuer". Die Wörterbücher meinen damit stets den Backofen; in dieser Bedeutung wird es auch dem Wort *malla* gegenübergestellt (Ibn Sîda V, 64; s. auch *Lisân* XV, 373 Z. 19 s. v. *qrm*). Wirklich als „Backofen" kommt *tannûr* außerdem noch vor z. B. Muqaddasî[3]) ed. DE GOEJE S. 183 Z. 17; Gloss. Geogr. S. 287 s. v. *ṭâbûn*; *Abulḳâsim* ed. MEZ S. 41 Z. 11;[4]) „1001 Nacht", MACN. II, S. 554 Z. 3 v. u. und S. 555 Z. 1 und Z. 9 f. In manchen Gegenden scheint das Wort aber bald vergessen zu sein; in Ägypten

---

12. Juni 1911 (Bespr. von GUNKEL, Genesis) und vor allem den Artikel von DVOŘÁK „Über *tinûru* des Assyrisch-babylonischen und die demselben entsprechenden Formen der übrigen semitischen Sprachen" in „Zeitschrift für Keilschriftforschung" herausg. von BEZOLD und HOMMEL Bd. I, 1884, S. 115—150.

[1]) In meiner Baiḍâwî-Ausgabe (Cairo o. J) befindet sich an beiden Stellen am Rande die Erklärung: *li-'l-ḫabbâzi.*

[2]) Nach BROCKELMANN, „Gesch. d. arab. Lit." I, 416; es wird vielfach ein späteres Datum angegeben.

[3]) Zu dem Namen vgl. ZDMG. Bd. LX, S. 404 ff.

[4]) Vorher S. 36 Z. 2 v. u. in ähnlicher Bedeutung wie Sûre XI, 42 und XXIII, 27.

wenigstens ist es heute gänzlich unbekannt;[1]) es ist dort schon früh durch das w. u. zu besprechende Wort *ṭâbûn* verdrängt. In Syrien[2]) dagegen und im westlichen Nordafrika[3]) ist es noch heute in Gebrauch.

Wie hat nun aber der *tannûr* im islamischen Mittelalter ausgesehen? Leider habe ich bisher eine genaue Beschreibung des *tannûr* genannten Backofens in der arabischen Literatur nicht finden können. Es wird aber verschiedentlich in Werken europäischer Gelehrter von Backöfen, wie sie heutigentags im Orient in Gebrauch sind, eingehender berichtet, und wir können wohl ohne Bedenken annehmen, daß auch im islamischen Mittelalter Backöfen solcher Art benutzt worden sind. Wir dürfen dies um so eher, als wir im nächsten Abschnitt über den *ṭâbûn* genannten Ofen, über den wir ausführlichere Beschreibungen bei arabischen Schriftstellern finden, sehen werden, daß diese Berichte aus früherer Zeit sich sehr wohl mit den Beschreibungen aus neueren Werken europäischer Gelehrter vereinigen lassen. Und wenn also der *ṭâbûn* von heute dem von ehedem gleicht, so ist wohl dasselbe auch beim *tannûr* der Fall.

Die einzelnen Nachrichten sollen hier wörtlich wiedergegeben werden.

Wetzstein in „Zeitschrift für Ethnologie“ XIV, 1882, S. (467) Anm. 2 beschreibt den *tannûr* folgendermaßen:

„Er wird gleichfalls von den Hausfrauen aus Ton oder Lehm gemacht und gebrannt und gleicht durchaus einer stehend in die Erde gegrabenen Tonne, der man den Boden ausgeschlagen hat. Als Backofen fungiert der *tannûr* so, daß man in ihm ein Feuer macht, und, nachdem er heiß geworden, an seine inneren Seiten die dünnen Brote anklebt, bis sie halbwegs gebacken sind.“[4])

---

[1]) Mündliche Mitteilung des Lektors am Seminar für Geschichte und Kultur des Orients in Hamburg.

[2]) Vgl. die w. u. bei der Beschreibung des *tannûr* angeführten Mitteilungen von Wetzstein, Musil, Jaussen und Jäger.

[3]) cf. Beaussier, „Dictionn. arab.-franç.“, Alger. 1887, S. 69.

[4]) Wetzstein sagt, daß diese Backofenart überall im Lande, nur nicht in der Umgegend von Damaskus vorkommt.

Einen transportablen Ofen ganz ähnlicher Art, wie er ihn auf dem Schiffe gesehen hat, mit dem er nach Dschidda fuhr, beschreibt Niebuhr, „Arabien“ S. 51 f.:

„Dieser war ein umgekehrter Wassertopf, etwa 3 Fuß hoch, ohne Boden, rundum dick mit Leimerde beschmiert, und auf einem beweglichen Fuß. Wenn der Ofen heiß genug war, so ward der Teig, oder vielmehr die Kuchen inwendig an die Seiten des Ofens angeklappet, ohne daß die Kohlen herausgenommen wurden, und der Ofen ward zugedeckt. Nachher ward das Brot, da es für einen Europäer noch kaum ausgebacken gewesen sein würde, herausgenommen und ganz warm gegessen.“

Während also der Ofen nach der Beschreibung Wetzstein's im Erdboden eingegraben ist, steht der Ofen, so wie ihn Niebuhr beschreibt, frei und wird nur, um die Wärme im Ofen länger erhalten zu können, außen mit einer Schicht Lehm verkleidet.

Der von Jäger, „Das Bauernhaus in Palästina“ S. 45 beschriebene *tannûr* gleicht ebenfalls in vieler Beziehung dem von Wetzstein geschilderten. Jäger schreibt:

„Man verfertigt eine etwa halbmannshohe Glocke aus Lehm, deren offene Seite oben liegt und umgibt sie unten und an den Seiten mit einer Steinwand. Vereinzelt nimmt man auch einen unbrauchbar gewordenen Wasserkrug, den man von außen ummauert. Soll gebacken werden, dann wird auf dem Boden des Innenraumes ein Holzkohlenfeuer angezündet, das die inneren Wände stark erhitzt. Darauf werden die Teigfladen vermittels eines Kissens an die erhitzten Wände gedrückt und hier gebacken. Der *tannûr* erhält wie der *ṭâbûn* ein Haus, das aber seiner Größe entsprechend höher als beim *ṭâbûn* ist. Der *tannûr* ist hauptsächlich in Nordpalästina in Gebrauch ....“

Daneben kommen dann noch Öfen vor in Gestalt eines freistehenden abgestumpften Hohlkegels, entweder aus Ziegelsteinen oder einfach aus Lehm errichtet.[1]) Auch bei ihm

[1]) Mitteilung von Herrn Prof. Meissner in Breslau.

werden die Brotfladen an die innere Fläche angeklebt; das Feuer bleibt, auf dem Boden aufgeschichtet, während des Backprozesses darin.[1])

Der Ausdruck für das „Ankleben des Brotes“ ist *laziqa* (Dozy, Suppl. II, 497 s. v. *kâra: julzaqu fî ḥâ'iṭi 't-tannûri.*[2])

2. Ṭâbûn und Ṭâbûna.

Ṭâbûn und *ṭâbûna* (Weissenbach, „Die arabische Nominalform *Fâ'ûl*“, S. 75; *Ṣiḥâḥ* II, 390; *Lisân* XVII, S. 133). Nach den Wörterbüchern die „zugedeckte Feuerstelle“. In „1001 Nacht“ ist das Wort sehr häufig (z. B. Bresl. XI, 55), stets als „Backofen“; Bresl. IX, 317 noch durch *'aiš* näher erläutert: *ṭâbûnatu 'aišin.* Ferner z. B.: Muqaddasî ed. de Goeje, S. 183 Z. 17; Gloss. Geogr. (Bibl. Geogr. arab. IV) S. 287.

Der *ṭâbûn* beruht auf einem ganz anderen Prinzip als der *tannûr.* Über ihn habe ich bisher zwei Stellen in der arabischen Literatur feststellen können. In den Einzelheiten weichen die Beschreibungen, ebenso wie die Schilderungen in europäischen Werken, allerdings etwas voneinander ab; das Prinzip ihrer Anlage ist aber in beiden Fällen gleich.

Muqaddasî ed. de Goeje (Bibl. Geogr. arab. Bd. III) S. 183, 17 wird der *ṭâbûn* folgendermaßen beschrieben: „Sie haben *furn*-Öfen, die Dorfbewohner dagegen die (sogenannten) *ṭawâbîn.* Der *ṭâbûn* ist ein kleiner im Erdboden eingegrabener Backofen *(tannûr)*; der Boden ist mit Kieselsteinen ausgelegt; man legt Mist um ihn herum und auf ihn, und sobald sich dieser in Glut befindet, breitet man die Brotfladen auf den Kieselsteinen aus.“

---

[1]) Derartige Öfen waren auch bei den Hebräern in Gebrauch, vgl. Löwy a. a. O. S. 26 f. Löwy fügt noch hinzu, daß, um zu schnelle Abkühlung zu verhindern, der Deckel ringsherum mit Lehm verschmiert wurde. — Vgl. auch „Zeitschrift für Keilschriftforschung“ I, 1884, S. 140.

[2]) Davon der Name *lizzâqa* (Jaussen a. a. O. S. 64), *lazâḳi* (Musil a. a. O. III, 149) und *luzzâqi* (Graf von Mülinen a. a. O. S. 166); allerdings bezeichnen diese Ausdrücke „Aschenbrot“ und nicht „im Ofen gebackenes Brot“.

Im Gloss. Geogr. (Bibl. Geogr. arab. Bd. IV) S. 287 s. v. *ṭâbûn* führt de Goeje zur weiteren Erklärung dieser Muqaddasî-Stelle noch eine Bemerkung aus Ibn Ǧazla (cf. Brockelmann, „Arab. Lit." I, 485) an. Sie lautet in deutscher Übersetzung etwa folgendermaßen: „Der *ṭâbûn* ist wie ein zierlicher *tannûr*, eingegraben im Erdboden, so daß nur weniges von ihm hervorschaut. Auf den Boden legt man Kieselsteine und setzt einen eisernen Deckel darauf. Auf den Deckel legt man Mist, den man bereits nachts (? = am Abend vorher) angezündet hat. Dann (? nachdem der Ofen genügend erhitzt ist) nimmt man den Mist wieder fort, legt den Teig auf die Kieselsteine und legt auch den Deckel wieder darauf, bis der Teig gar ist."

Zur näheren Erklärung dieser Nachrichten aus früherer Zeit sollen einige Beschreibungen des heutigen *ṭâbûn* folgen:

Jäger, „Das Bauernhaus in Palästina", S. 45: „Er stellt einen aus Lehm gefertigten Hohlkugelabschnitt dar, der oben durch eine runde Öffnung durchbrochen und ebenda durch einen in der Mitte mit einem senkrechten Griff versehenen Lehmdeckel verschließbar ist. Der Durchmesser eines *ṭâbûn* maß in einem Falle 100 cm, der Durchmesser der oberen Öffnung 30 cm, die Höhe der Wölbung 20 cm. Der *ṭâbûn* ist auf dem Erdboden aufgesetzt, und die Stelle, die er bedeckt, mit Steinchen in der Größe von etwa 1 cm bestreut. Um ihn ist aus Stein ein etwa 120 cm hohes viereckiges Häuschen gebaut, dessen Dach aus Holz hergestellt und mit Lehm überzogen ist. Längere Zeit vor dem Backen wird außen um den *ṭâbûn* ein Feuer aus Mist gemacht, und das Innere durch die glühenden Aschenreste, die die Außenseite vollständig bedecken, erhitzt. Die Teigfladen *ḳurṣ* werden darauf auf die Steinchen gelegt und sind schon nach einigen Minuten gebacken .... Der *ṭâbûn* wird vorwiegend im südlichen Palästina angewandt."[1])

Ähnlich ist der *ṭâbûn*, den Musil, „Arabia petraea" III, 132

---

[1]) Vgl. die Abbildung auf Tafel V.

beschreibt: „In einer Hofecke befindet sich der Backofen *ṭâbûn.* Es ist dies ein 1,5—2 m hoher kegelförmiger Bau mit einem schmalen, niedrigen Eingange, durch den man in das Innere gelangt, welches gewöhnlich 1 m im Durchmesser hat. In der Mitte sieht man eine kreisförmige Vertiefung, *raḍaf,*[1]) von 0,6 m Durchmesser, die mit kleinen Kieselsteinen gepflastert ist — in Mâdala nimmt man mit Vorliebe Mosaiksteinchen dazu — und um sie herum läuft ein erhöhter Rand, *samaka.* Hierher werden die Brotkuchen gelegt und mit einem eisernen Deckel, *ṛaṭa 'aṭ-ṭâbûn,* zugedeckt, worauf man ringsherum Stroh und trockene Mistfladen, *zibb,* anzündet."

Die Beschreibung bei Jaussen, „Coutumes des Arabes au pays de Moab", S. 63 f. lautet: „Deux choses concourent à la formation du *ṭâbûn*: une petite construction en terre et en pierres, formant un réduit de quelques mètres carrés dans lequel une personne puisse pénétrer et se tenir à demi-courbée. Au milieu de ce réduit, se trouve une sorte de cuve, ou de marmite en terre cuite, munie d'un couvercle; elle peut avoir un fond ou reposer sur le sol qui lui sert de fond. En ce cas de petits galets de silex ou des cubes de mosaïques sont disposés dans cette „cuve"; ils sont destinés à recevoir la pâte pour le pain qui est placé ainsi dans l'intérieur au nombre de dix ou quinze galettes suivant la dimension. Le couvercle est ramené sur la cuve, et les cendres chaudes, la braise, le bois ou le fumier sont amoncelés tout autour. La chaleur pénètre la cuve et cuit les galettes." [2])

Graf von Mülinen, „Beiträge zur Kenntnis des Karmels" in ZDPV XXX, 1907, S. 162: „Auf das Feuer im Ofen kommt zuerst ein Belag *(ruḍuf)* von Ton oder kleineren Steinen; auf diesen appliziert man den Teig, den man mit

---

[1]) Zu *raḍaf* vgl. *ḫubz 'alà reḍâf* S. 50 Anm. 1; Graf von Mülinen in ZDPV XXX, 1907, S. 162: *ruḍuf.*

[2]) Das in einem solchen Ofen gebackene Brot wird *ḫubz ṭâbûn* genannt, Jaussen ebenda.

einem irdenen oder eisernen Deckel (*ghaṭa*) zudeckt. Auf den Deckel selbst häuft man eine Schicht *dschift* (Öltreber) oder *zibil* (Viehdünger), um durch größere Erhitzung den Backprozeß zu beschleunigen."

Eine eingehende Beschreibung eines derartigen Ofens aus der Umgebung von Damaskus gibt auch WETZSTEIN in „Zeitschr. f. Ethnologie" XIV, 1882, S. (467). Dieser Ofen heißt dort aber nicht *ṭâbûn*, sondern führt dort den Namen *furn*; wir wollen deshalb im folgenden Abschnitt über den *furn* genannten Ofen darauf zurückkommen.

Nach den Mitteilungen von WETZSTEIN, MUSIL, JAUSSEN und JÄGER dürfen wir jedenfalls annehmen, daß man im allgemeinen in Syrien und Palästina mit *tannûr* die primitive Backofenart, bei der die Brotfladen an die Innenseite der Wände angeklebt werden,[1]) während das Feuer beim Backprozeß im Innern des Ofens sich befindet, bezeichnet, daß dagegen *ṭâbûn* als Ausdruck für die etwas besser ausgeführten Öfen, die von außen erhitzt werden und bei denen man den Teig auf den Boden des Ofens legt, gebraucht wird.[2]) Dies scheint mir auch durch die zwei aus der arabischen Literatur angeführten Stellen bestätigt zu werden. Es wird dort *ṭâbûn* als Ausdruck für einen Backofen in der eben beschriebenen Form als Ofen der Bauern dem *furn* in den Städten gegenübergestellt, andererseits aber auch dem gewöhnlichen *tannûr* und als *tannûr laṭîf* „zierlicher *tannûr*" erklärt.[3])

Anders ist es aber im westlichen Nordafrika. Dort bezeichnet das Wort *ṭâbûna* nach BEAUSSIER, „Diction. arab.-franç.", Alger 1887, S. 392 einen Ofen, der dem in Syrien *tannûr* genannten ähnlich zu sein scheint. Und umgekehrt scheint

---

[1]) cf. „Zeitschr. f. Keilschriftforschung" I, S. 140.

[2]) JAEGER a. a. O. bemerkt, daß der *ṭâbûn* im südlichen, der *tannûr* im nördlichen Palästina in Gebrauch sei.

[3]) Eine scharfe Trennung nach den Ausdrücken wird sich allerdings wohl kaum durchführen lassen; nach JAUSSEN a. a. O. kommt für den sonst von ihm *ṭâbûn* genannnten Ofen auch *tannûr* vor. — Vgl. auch „Jewish Encyclopedia" IX, 451 s. v. „Oven" und II, 462 s. v. „Baking".

dort der *tannûr* ein dem syrischen *ṭâbûn* ähnlicher Backofen (zum Fleischrösten) zu sein. Vgl. ebenda, S. 69.

Wie mir Herr Geheimrat STUHLMANN freundlichst mitteilt, sah er in Tozeur in Südtunesien einen Backofen, in der Anlage genau so wie der von WETZSTEIN in „Zeitschr. f. Ethnologie" XIV, 1882 S. (467) beschriebene. Die Öffnung am Boden dient als Feuerloch *(bâb)*. Nachdem der Ofen genügend vorgewärmt ist, wird durch die obere Öffnung *(fum)* mit einem *miğrafa* genannten Spaten das Brennmaterial in der Mitte des Bodens zu einem Haufen zusammengeschichtet und dann die Brote an die Wände des Backofens angeklebt. Danach wird die obere Öffnung mit einer Stein- oder Metallplatte zugedeckt. Auch dieser Ofen wird dort *ṭâbûna* genannt (also nicht *tannûr*, wie diese Ofenart in Syrien heißt).

In Ägypten bezeichnet *ṭâbûn* den Ofen, oder wohl richtiger das Ofenloch, das in nicht sehr großem Umfange nischenartig in die Mauer des *dukkân* eingelassen ist. Eine Abbildung gibt „Descr. de l'Eg." (État moderne) Pl. X. Das Heizmaterial wird in der Mitte des Bodens aufgeschichtet; die zu backenden Brote werden rund herum gelegt („Descr. de l'Eg." XII, 431). Dieser Ofen dient nur zur Herstellung kleinerer Brotsorten. Er ist weit verbreitet und findet sich nicht nur im Laden des Bäckers, sondern auch in Privathäusern für die Bedürfnisse des Haushalts (vgl. dazu WÜSTENFELD, „Calcaschandi's Geographie und Verwaltung von Ägypten", S. 58).

3. Furn.

Furn (z. B. Ibn al-Ḥâğğ, *Kitâb al-madḫal* III, 117 ff. sehr oft; *Maḥâsin at-tiğâra* S. 2 ff.), FRÄNKEL, A. F. S. 27. Ein Lehnwort aus φοῦρνος — furnus[1]) durch Vermittelung des aramäischen פורני. Es ist auch schon den Arabern als Fremdwort bekannt gewesen, *Muʿarrab* ed. SACHAU 111 und S. 49. *Ṣiḥâḥ* und *Lisân* kennen das Wort nicht. Ibn

[1]) Bereits von FREYTAG erkannt („Einleitung" S. 291). Vgl. auch LÖWY a. a. O. S. 27 Anm. 5; WETZSTEIN in „Zeitschr. f. Ethnologie" XIV, 1882, S. (467) Anm. 2; „Jewish Encyclopedia" II, 462 s. v. „Baking".

Sîda V, 2 Z. 8 ff. vergleicht ihn mit dem Ofen der Glaser: *kîru 'z-zaǧǧâǧîna.*[1]) In seiner Heimat scheint der *furn* unbekannt gewesen zu sein;[2]) er erwähnt als etwas besonderes, daß die Syrer, *'ahl aš-šâm*, sich dieses Ofens zum Brotbacken bedienen. In Ägypten war und ist er noch heutzutage allgemein in Gebrauch.[3]) Er entspricht im wesentlichen unseren Backöfen, so wie sie sich noch viel auf dem Lande finden (vgl. „Descr. de l'Eg." XVIII, 2 S. 375; Niebuhr, „Beschreibung von Arabien", S. 52). Der *furn* wird auf dem Markte oder sonst auf einem freien Platze aufgebaut. Vgl. auch den Bericht über die Anlage eines Backofens in Medina, bei Wüstenfeld, „Geschichte der Stadt Medina". S. 98.[4])

Während das Feuer beim *tannûr* und *ṭâbûn* während des Backprozesses im Ofenloch selbst resp. auf dem Ofen aufgeschichtet bleibt, wird der *furn* vorher genügend erhitzt, und erst, nachdem das Feuer aus demselben entfernt ist, der Teig

[1]) Über *kîr* in der Bedeutung „Schmelzofen" s. Schulthess „Aramäisches" in ZA XXV, 1911, S. 294 f. Mit *kîr az-zaǧǧâǧîn* kann natürlich nur ein Schmelzofen gemeint sein. *Furn* als Schmelzofen z. B. Idrîsî S. 214 oben.

[2]) Der Ausdruck *furn* kommt auch in der Macnaghten'schen 1001 Nacht-Ausgabe manchmal vor, doch ist er in der Breslauer Ausgabe an den entsprechenden Stellen stets durch *ṭâbûn* ersetzt.

[3]) Mündliche Mitteilung des Lektors. Daß er im islamischen Mittelalter dort bekannt war, wird dadurch bewiesen, daß Ibn al-Ḥâǧǧ den Ausdruck gebraucht.

[4]) *Furn* scheint im heutigen Ägypten einfach gleich „Ofen" zu sein, ganz einerlei, welchen Zwecken er dient. So nannte z. B. der Erbsenröster (er selbst bezeichnete sich als „Ḥamamṣi" oder „Ḥummuṣânî) der Ägyptertruppe, die im Sommer 1912 bei Hagenbeck in Stellingen war, seine Anlage zum Rösten der Kichererbsen *furn;* ferner notierte ich mir für den Ofen des Glasbläsers *furn* (neben *kûr).* Mir wurde aber von allen Seiten und ganz besonders von dem dort anwesenden Zuckerbäcker gesagt, daß man einen *furn* nur in der Brotbäckerei verwende, in der Zuckerbäckerei dagegen den sogenannten *kânûn* oder *kânûna* (*Ṣiḥâḥ* II, 401; FAF S. 26 „Kohlenpfanne"; „Zeitschr. f. Keilschriftforschung" I, S. 122, 125; *Ṣiḥâḥ* erklärt es durch *mauqid* Feuerstelle). Der *kânûn* bestand dort aus einer etwa 10 cm dicken Lehmplatte von ca. 60 cm Durchmesser. An der Peripherie derselben befanden sich 4 zinnenartige

in den Ofen hineingeschoben *(Kitâb al-madḫal* III, S. 117 Z. 34).[1]) Es ist anzunehmen, daß die Öffnung des Ofens dann durch irgend eine Vorrichtung fest verschlossen wurde. Als Heizmaterial dient hauptsächlich Kamelmist (*Kitâb al-madḫal* III, S. 118), daneben Stroh *qašš* (ebenda), ferner, besonders in Syrien, die abgeschälten Stengel der Hanfpflanze (Wetzstein a. a. O. S. 480).[2])

Es ist merkwürdig, daß, während *furn* sonst ganz allgemein der Name für den auf öffentlichem Platze in den Städten zu Nutzen der Allgemeinheit aufgestellten Backofen, der von Berufsbäckern bedient wird, ist, derselbe Ausdruck in der Umgebung von Damaskus als Benennung für einen Ofen dient,

Erhöhungen, ebenfalls aus Lehm, ca. 10 cm hoch. Diese Platte diente zur Aufnahme glühender Kohle. Auf den zinnenartigen Erhöhungen lag eine dünne, kreisrunde eiserne Platte. Das Ganze ruhte auf einem großen Holzpflock. Auf der Eisenplatte wurde die bekannte *kunâfa* (cf. „1001 Nacht", übers. von Lane I, S. 243 note 66) mehr in Fett gebraten als gebacken. Soviel ich mich entsinne, wurde diese Platte *ṭabaq* genannt (die Notiz darüber ist mir leider abhanden gekommen). Zum Brotbacken wird wenigstens heute dieser *kânûn* jedenfalls nicht gebraucht. Die Leute bei Hagenbeck unterschieden sämtlich sehr genau zwischen *furn li-'l-'êš* und *kânûn al-kunâfa.* (Nebenbei möchte ich noch erwähnen, daß mir, ebenfalls im Gegensatz zum *furn li-'l-'êš,* von einem *kânûn aṭ-ṭabîḫ* erzählt wurde, der genau so sein solle, wie der *kânûn al-kunâfa.)* Der *kânûn* ist also kein „Ofen". Allerdings gibt Dozy, Suppl. II, 491 für *kânûn* „fourneau", für *ḫubz al-kânûn* und *kânûnijja* dagegen „pain cuit sur les cendres", also auf einer Backplatte über glühender Asche und nicht im Ofen gebackenes Brot. Vgl. auch die Beschreibung eines *kânûn* bei Jäger, „Das Bauernhaus in Palästina", S. 39.

Vielleicht ist mit dem oben S. 52 erwähnten *ḫubz muṭabbaq* („1001 N." Bresl. IV, 136) ein solches *ḫubz al-kânûn* gemeint.

In Nordafrika bezeichnet *furn* nach Stuhlmann, „Ein kulturgeschichtlicher Ausflug in den Aurès", S. 195 auch den Töpferofen.

[1]) Nur so sind jedenfalls die Worte des Ibn al-Ḥâǧǧ III, 117, Z. 34: *radda 'n-nâra 'ilà nâḥijjatin minhu* aufzufassen. Auch die an derselben Stelle angegebene Vorschrift, den Boden des Ofens vor dem Hineinlegen des Teiges von Kohleteilchen zu reinigen, deutet darauf hin.

[2]) Wetzstein (ZDMG XI, 1857, S. 480) fügt hinzu: „Holzfeuer würde eine größere Glut geben, als der kleine dünne arabische Brotkuchen vertragen kann oder nötig hat."

den WETZSTEIN in „Zeitschr. für Ethnologie“ XIV, 1882 (S. 467) folgendermaßen beschreibt:

„Der *furn* ist der Backofen des Merǵlandes. Am anschaulichsten läßt er sich mit unserer Wärmflasche vergleichen, wenn wir uns dieselbe nicht oval, sondern vollkommen rund und so groß denken, daß ihr Boden etwa 1 $^1/_3$ m Durchmesser hat. .... Boden und Wölbung des *furn* sind vier Finger dick, die mit einem tönernen Deckel verschließbare Öffnung ist weit genug, um durch sie den Ofen heizen zu können, was durch *ǵella, šîaḥ* oder *zeradôn* (abgekörnte Maiskolben) geschieht. Die Asche wird durch eine kleinere Öffnung entfernt, welche sich an einer Seite der Wölbung unmittelbar am Boden befindet. Der *furn* hat sein eigenes Stübchen oder auch ein eigenes Häuschen und steht, um länger heiß zu bleiben, unter der Erde, so daß nur sein Deckel über dem Estrich sichtbar ist.“

Dieser Ofen entspricht also dem sonst *ṭâbûn* genannten. Zur Erklärung des Wortes *furn* in diesem Falle beschränke ich mich auf Mitteilung folgender Bemerkung WETZSTEIN's (ebenda Anm.):

„Der Name *furn* ist nicht arabisch, sondern das lateinische furnus; doch möchte der Schluß, daß sich im Backofen des Merǵlandes eine Art altrömischer erhalten habe, ein irriger sein; denn *furn* heißt auch der von ihm sehr verschiedene öffentliche Backofen der syrischen Städte. Vielleicht hat eher der letztere das Wesentliche des römischen furnus [1]) bewahrt, während der des Merǵlandes nur den Namen annahm, weil er mit ihm als opus fornicatum jedenfalls mehr Ähnlichkeit hatte, als mit dem ursprünglich in Syrien und Palästina einheimischen Backofen, dem auch im A. T. häufiger genannten *tannûr,* welcher noch heute unter diesem Namen im Lande überall (nur, soviel ich weiß, um Damask nicht) gefunden wird.“

---

[1]) Vgl. darüber PAULY-WISSOWA, „Realencyclopädie der classischen Altertumswissenschaft“ VI, 3 S. 378 ff.

Das Wort *maḫbaz* (z. B. Ibn Sîda V, 2, l. Z.) bezeichnet natürlich jeglichen Ofen.

Bei den Brotsorten, die im Backofen gebacken werden, wird der Teig, bevor er in den Ofen gelegt wird, in Wasser eingetaucht, um dadurch einen stärkeren Glanz des gebackenen Brotes zu erzielen. So war es bei den Hebräern.[1]) Die ganze Bäckerei bei diesen und bei den Arabern ist fast in allen Punkten gleich, so daß wir wohl auch diese Sitte, die uns nicht direkt in der arabischen Literatur überliefert wird, für die Araber annehmen dürfen. Vielleicht deutet darauf auch *Lisân* V, 300 Z. 3 v. u. hin: *ʿaǵûnun muḥawwarun wa-huwa 'llaḏî musiḥa waǧhuhu bi-'l-mâ'i ḥattà ṣafâ.*[2]) Lane, Lex: *muḥawwar*, dough of which the surface has been moistened with water, so that it is shining.

Der Teig wird mittels einer Schaufel, für die Dozy, Suppl. I, 566 *râḥa* angibt, in den Ofen geschoben.

Nachdem das Brot eine Zeitlang in der glühenden Asche oder im Backofen gelegen hat, untersucht der Bäcker, ob die Oberfläche genügend durchgebacken ist, indem er mit einem Stocke oder auch mit der Hand auf das Brot schlägt (Euting, „Reise in Innerarabien", S. 43). Ich glaube, daß so auch Ibn Sîda V, 6: *al-ḫabzu .... wa-huwa 'ḍ-ḍarbu bi 'l-jadaini* zu verstehen ist. Auch *ladama*, das Ibn Sîda V, 7 Z. 7 und *Lisân* XVI, 12 Z. 8 als: *ḍaraba ḫubza 'l-mallati* erklären, scheint dasselbe zu bedeuten, ebenso *maraza* (Ibn Sîda V, 6: *al-marzu .... aḍ-ḍarbu bi-'aṭrâfi 'l-'aṣâbiʿi*). Das Wort *al-mulakkama* wird sich wohl ebenfalls darauf beziehen (Ibn Sîda V, 7 Z. 8: *al-mulakkamatu .... al-ḫubzatu 'l-malṭûmatu bi-'l-jadi, Lisân* XVI, 21 Z. 12: *al-mulakkamatu .... al-qurṣatu 'l-maḍrûbatu bi-'l-jadi*).

Ist die Oberseite genügend gebacken, was nach wenigen Minuten der Fall ist, *naḍiǵa* (Ibn Sîda V, 7; *Lisân* II, 179

---

[1]) S. Löwy a. a. O. S. 25.

[2]) *Ṣiḥâḥ* I, 311 *ḥawwara* anders erklärt; s. o. S. 48.

s. v. *qlb*; Bibl. Geogr. arab. ed. DE GOEJE IV, 287 s. v. *ṭâbûn*; ferner als „gar sein" im Gegensatz zu *iḥtaraqa* „verbrannt sein" *Abulḳâsim* ed. MEZ, Heidelberg 1902, S. 15 Z. 8 ff.) = „gar sein", und *qammara* (Ibn al Ḥâǧǧ a. a. O. III, 121 Z. 27; „1001 Nacht", MACN. IV, 689, Z. 16; es steht an beiden Stellen im Gegensatz zu *ḥaraqa*, das Brot „verbrennen") = „das Brot gar backen",[1]) so wird das Brot umgedreht, um auch die untere Seite auszubacken (JAUSSEN a. a. O. 63 f.). Die Ausdrücke für das Umwenden des Brotes sind: *qalaba*, *'aqlaba* und *ḥawwala* (Ibn Sîda V, 7; *Lisân* II, 179).

Die dem Brote anhaftenden Kohleteilchen werden abgebürstet (JAUSSEN a. a. O. 63 f.), *nasaġa* (Ibn Sîda V, 7), *ṭaqqaba* (Ibn Sîda V, 7) und *ġaraza* (*Lisân* X, 338 s. v. *nsġ*), mit einem aus Vogelfedern bestehenden, *minsaġa* (Ibn Sîda V, 7; *Lisân* X, 338) genannten Instrument. Ein anderer Name dafür ist *mibzaġa* (*Lisân* X, 338 s. v. *nsġ*.).

Die Araber genießen das Brot stets, solange es noch warm ist; denn es gilt dann als besonderer Leckerbissen. In den Erzählungen der „1001 Nacht" finden wir dies häufig; auch der Duft des heißen Brotes wird dort vielfach gerühmt (z. B. Bresl. XI, 45; IX, 356). Vgl. dazu auch EUTING, „Reise in Innerarabien" I, S. 43; v. OPPENHEIM, „Vom Mittelmeer zum Persischen Golf" II, S. 134; BEHRNAUER, „Institutions de police chez les Arabes", in „Journ. asiat." 1860 II, S. 120.[2])

Der Bäcker heißt *ḫabbâz* und *farrân*.[3])

---

[1]) Für *qammara* gibt DOZY, Suppl. II, 403 „griller du pain". Aus den zitierten Stellen geht aber deutlich hervor, daß es nicht „versengen", sondern „gar backen" bedeutet.

[2]) Vgl. auch den SNOUCK HURGRONJE, „Mekka" II, 314 erwähnten Marktausruf: *ḥârr jâ 'aiš* („heiß, o Brot!").

[3]) Auf den Unterschied zwischen *ḫabbâz* und *farrân* werden wir noch zurückkommen. SPIRO, „An arabic-english vocabulary of the colloquial arabic of Egypt" führt aus dem Modernägyptischen noch *'aiiâš* „Brotverkäufer" an.

Es möge jetzt eine Aufzählung der verschiedenen im Ofen gebackenen Brotarten folgen. Es ist natürlich schwer, zu entscheiden, wo die Grenze zwischen der Brotbäckerei und der Zuckerbäckerei liegt. Einen Anhaltspunkt gibt uns Ibn Sîda V, 5 durch die Kapitelüberschrift: *aṭ-ṭaʿâmu juʿǧanu wa-juqaṭṭaʿu wa-juḫbazu,* „die Speise, wenn sie geknetet und (nachdem sie zu einem Laibe geformt ist, dann in gleich große Stücke) zerteilt und gebacken wird"; das ist Brot auch in unserem Sinne.[1]) Es ist außerdem kaum möglich, ganz genaue Beschreibungen der einzelnen Brotsorten zu geben. Schon innerhalb eines verhältnismäßig kleinen Gebietes, wie Deutschland es einnimmt, finden wir überall verschiedenes Brot und auch verschiedene Benennungen dafür. Wie viel mehr muß das nun erst der Fall sein innerhalb des gewaltigen Gebietes, über das sich die Bekenner des Islam, die sich noch dazu aus ganz verschiedenen Volksstämmen zusammensetzen, erstrecken.[2]) Daher erklärt sich denn auch, daß wir für verschiedene Brotsorten oft denselben Namen finden, andererseits aber auch wieder für dasselbe Brot verschiedene Benennungen.

Ḫubz, ʿAiš.

Ḫubz ist der ganz allgemeine Ausdruck für Brot überhaupt, ohne jegliche Berücksichtigung der Herstellungsart, des benutzten Mehles und der Form. So in der klassischen, wie auch in der späteren Literatur. Es kann also sowohl „Aschenbrot", als auch Brot, das im Backofen gebacken ist,

---

[1]) So kommen z. B. *sawîq* und *tarîd* und ähnliche Speisen hier nicht in Betracht. Sie werden von Ibn Sîda auch in besonderen Kapiteln besprochen.

[2]) Ich möchte hier auch hinweisen auf „1001 Nacht" Macn. IV, 683: *'arâhum al-ʿaiša fa-ṣârû jatafarraǧûna ʿalaihi wa-jataʿaǧǧabûna minhu li'annahu lâ jušbihu ʿaiša bilâdihim* („er zeigte ihnen das Brot, da betrachteten sie es mit Freude und wunderten sich darüber; denn es war nicht so, wie das Brot ihres Landes"). Vgl. auch Idrîsî S. 111, Z. 11 f. Euting a. a. O. I, 196, 210: „Brot nach Bagdader Art gebacken." Ferner Lane, „Sitten und Gebräuche", deutsch von Zenker II, 15; Fränkel, A.F. S. X.

sein. In den Wörterbüchern wird es erklärt: *al- ḫubzu 'l-maḫbûzu min 'ajji ḥabbin kâna.* (*Lisân* VII, 210 Z. 11; Ibn Sîda V, 6; ebenda wird neben *ḫubz* auch noch *ḫubaiz* in derselben Bedeutung angeführt). *Ḫubza* bedeutet das einzelne Brot, den „Brotlaib“ (Ibn Sîda V, 7).[1]) Der Ausdruck *ḫubz* ist noch heute in Syrien allgemein verbreitet, während in Ägypten *'aiš* ihn heute verdrängt hat (cf. Lane, „Sitten und Gebräuche der heutigen Ägypter“, deutsch von Zenker II, 15). Er ist heutigentags in Ägypten zwar noch bekannt, wird aber im täglichen Leben kaum gebraucht. Anders in Syrien, wo der Ausdruck *'aiš* für Brot unbekannt ist. So gebraucht z. B. der Damaszener Qoudsi in der Abhandlung „Les corporations de Damas“ in „Actes du VI. congrès intern. des orient. à Leide 1883“ Bd. II für Brot das Wort *ḫubz*. Ebenso die in der syrischen Steppe hausenden Beduinen, Musil, „Arabia petraea“ III, 149: *ḫubez mall*, vgl. auch Socin, „Der arabische Dialekt von Mōṣul und Märdīn“, in ZDMG., XXXVII, S. 210, 211. Übrigens hat sich auch bei den Beduinen der libyschen Wüste das Wort *ḫubz* erhalten, vgl. den oben S. 50 Anm. 1 angeführten Ausdruck *ḫubz 'alà reḍâf*.

Schon in manchen Erzählungen der „1001 Nacht“ findet sich das Wort *'aiš* in dieser Bedeutung.[2]) Merkwürdig ist aber, daß sich der Ausdruck *ḫabbâz* erhalten hat; man kauft *'aiš* vom *ḫabbâz* („1001 Nacht“, Bresl. IX, 322).

Interessant ist die Bemerkung bei Ibn Sîda IV, 119 Z. 9: *al-'aišu .... aṭ-ṭa'âmu jamânijjatun* (scil. *kilmatun*). Es zeigt dies, daß der Ausdruck *'aiš* von den nach Ägypten gewanderten jemenischen Stämmen (vgl. darüber Becker „Beiträge“ II, 121) dorthin gebracht worden ist. Daß der Ausdruck *ḫubz* sich aber noch lange daneben erhalten hat, beweist u. a. auch noch van Berchem, „Matériaux pour un corpus“

---

[1]) Es wird auch durch *qurṣa* (Ibn Sîda V, 6) und *ṭulma* (*Lisân* VII, 210; *Ṣiḥâḥ* I, 427) erklärt.

[2]) So z. B. Bresl. IX, 311 f.; XI, 43 f. und an anderen Stellen. In der klassischen Literatur kommt *'aiš* = *ḫubz* nicht vor.

Nr. 252, S. 370 (Inschrift aus dem Jahre 834 H = 1431 D), ferner ebenda Nr. 325, S. 495.

Raġîf und Raġîfa.[1]

Raġîf[2]) ist die verbreitetste Brotart, das Hauptnahrungsmittel aller Bevölkerungsschichten im Orient (DE SACY, „Abdallatif" S. 318), der Ausdruck findet sich überall. Das Wort ist abgeleitet von dem Verbum *raġafa,* das die Lexikographen durch: *ǵamaʿa wakattala 'l-ʿaǵîna bi-'l-jadi* erklären (*Lisân* XI, 23; Ibn Sîda V, 7) „den Teig mit der Hand zu einem Haufen zusammenballen." LANE, „Sitten und Gebräuche der heutigen Ägypter", deutsch von Zenker, 2. Ausg. I, 144: „Das Brot hat immer die Gestalt eines runden flachen Kuchens und ist in der Regel eine Spanne breit und einen Finger dick." „Descr. de l'Eg." XVII, 431: „. . . . ressemble à une galette; il n'a guère que l'épaisseur du pouce et la grandeur du fond d'une assiette." Dieser Beschreibung entspricht auch die Stelle bei Ḥarîrî, *Maqâme* 29 (ed. REIN-DÉRENB. S. 353), wo es mit dem Vollmond verglichen wird: *ḏu 'l-waǵhi 'l-badrijji* (Erklärung des Kommentars: *allaḏî ka-'l-badri fi 'stidâratihi*). Der Name des Brotes scheint sich hauptsächlich auf die Form zu beziehen, weniger auf die Art der Zusammensetzung. Wir finden *raġîf* sowohl als Weizenbrot, z. B. „1001 Nacht" ed. MACN. II, 555 Z. 13 und an oben zitierter Stelle der 29. *Maqâme,* wo es: *ḏu 'l-launi 'd-durrijji* (Kommentar: *ka-'l-durri fî bajâḍihi*), was sich doch nur auf „weißes Weizenbrot" beziehen kann, und: *ḏu 'l-'aṣli 'n-naqijji* (Kommentar: *ʿanà bihi 'l-ḥinṭata*)[3]) genannt wird, als auch als Gerstenbrot *raġîf šaʿîr* (z. B. „1001 Nacht", Bresl. II, 305 = MACN. I, 273 Z. 8).

Über die Art der Herstellung s. „Descr. de l'Eg." XII, 431.[4])

---

[1]) Vgl. FRÄNKEL, A. F. S. 36.

[2]) Vgl. RŮŽIČKA, „Die Wurzel rʿ in den semitischen Sprachen", in ZA XXV, 1911, S. 120.

[3]) Vgl. auch den Kommentar der Ausgabe Beirut 1903.

[4]) Über den palästinensischen *raġîf* schreibt JÄGER, Das „Bauernhaus in Palästina" S. 45: „Das scheibenförmige Brot *raġîf,* das nur leicht gebacken

Die weite Verbreitung dieser Brotart und ihre Bedeutung als wichtigstes Nahrungsmittel ist auch die Ursache, daß das Wort *raġîf* in ganz allgemeiner Bedeutung = *ḫubz* vorkommt (cf. z. B. „1001 Nacht", Bresl. II, 261; IV, 142 usw.).

Nach JAUSSEN, „Coutumes des Arabes", S. 65 f. Anm. nennen die heutigen Beduinen das auf dem *ṣâǧ* über glühender Asche gebackene Brot *raġîf;* dort auch Näheres über die Art der Herstellung.

„Qurṣ".

Qurṣ [1]) (z. B. Ḥar. *Maq.* ed. REIN.-DÉRENB. S. 681; „1001 Nacht", Bresl. V, S. 290, MACN. IV, 16; auch schon *Ḥamâsa* ed. FREYTAG I, 792; Ibn Sîda V, 10; Dimišqî ed. MEHREN S. 280 Z. 15) ist dem *raġîf* gleich.[2]) Es wird so auch *Lisân* VIII, 339 erklärt, desgl. bei Ǧauharî. Vergl. auch Kommentar zu Ḥarîrî, *Maq.* Ausgabe Beirut 1903, S. 73.[3]) Neben *qurṣ*[4]) findet sich auch die Form *qurṣa,* in der Bedeutung „Brotlaib" (Ibn Sîda V, 6; „1001 Nacht", MACN. I, 672 Z. 10) und *quraiṣa* („1001 Nacht", Bresl. I, S. 33).[5]) Ebenso wie der *raġîf* ist es sowohl Weizen- wie Gerstenbrot; in einer *Lisân* VIII, 339 angeführten Ḥadîtstelle wird letzteres besonders hervorgehoben: *ṯalâṯatu qiraṣatin min šaʿîrin,* vgl. auch „1001 Nacht", MACN. I, 416, I, 511 l. Z. I, 672, Z. 10. Ebenso kommt es auch in der allgemeinen Bedeutung von *ḫubz* vor

---

und biegsam ist, hat einen Durchmesser von etwa 20 cm und eine Dicke von ca. 1 cm." Der palästinensische *raġîf* ist also genau wie der ägyptische nach der Beschreibung von LANE und „Descr. de l'Eg." Auch der *raġîf* der Hagenbekschen Ägyptertruppe hatte dieselbe Form.

[1]) Vgl. FRÄNKEL, A. F. S. 35. Über die Bedeutung des Verbums *qaraṣa* s. o. S. 48.

[2]) Im heutigen Ägypten, wo *qurṣ* und *raġîf (riġîf)* die einzig allgemein verbreiteten Ausdrücke für „Brotfladen" sind, sind sie synonym. (Mitteilung des Lektors). — Vgl. auch SNOUCK HURGRONJE, „Mekka" II, 121: *aqraṣ.*

[3]) Auch nach LANE, Lex. Synomymon von *raġîf.*

[4]) SPIRO S. 483: „round cake".

[5]) SPIRO: „cakes of mashed beans fried in oil."

(Ḥarîrî ed. REIN.-DÉRENB. S. 84,[1]) 681; „Arabum proverbia“ ed. FREYTAG II, S. 353).

Der Ausdruck *qurṣ* findet sich heute auch noch bei den Beduinen für Brot. In diesem Falle handelt es sich natürlich um „Aschenbrot“. Über die Herstellung dieses Brotes bei den Beduinen vgl. v. OPPENHEIM, „Vom Mittelmeer zum Persischen Golf“ II, 133 Anm.; JAUSSEN, „Coutumes des Arabes au pays de Moab“ S. 63 f.; nach MUSIL, „Arabia petraea“ III, 149 heißt dies Brot: *ḳurṣ nâr*. Auch in der oben angeführten Stelle „1001 Nacht“, MACN. IV, 16 ist *qurṣ* = *ḫubz al-malla*.

Kaʿk.

Eine andere Brotart ist *kaʿk* (z. B. „Arabum proverbia“ ed. FREYTAG III, Nr. 2653; Dimišqî ed. MEHREN S. 280 Z. 15). Nach FRÄNKEL A. F. S. 35 aus aramäischem כעכא. Die Araber selbst bezeichnen es als *fârisî*.[2]) Es geht aber, worauf DE SACY, „Abdallatif“ S. 328 zuerst aufmerksam gemacht hat, auf ein ägyptisches Wort zurück.[3]) Strabo, ed. MEINEKE III, S. 1149 Z. 11: καὶ οἱ κάκεις δὲ ἴδιόν τι ἄρτου γένος, στατικὸν κοιλίας. Vgl. auch BECKER in „Der Islam“ II, 1911, S. 405, wonach gerade in Ägypten eine *ṭâḥûn kaʿk* als fromme Stiftung gebaut wurde. Weiter wird *kaʿk* als speziell ägyptischer Ausfuhrartikel Muqaddasî ed. DE GOEJE S. 195 Z. 12 genannt. Auch das darf wohl als Beweis dafür herangezogen werden, daß diese Brotart und damit auch ihre Benennung ägyptischen Ursprungs ist; ferner auch, daß Muqaddasî das Wort nur im Kapitel *'iqlîm miṣr*, also als ägyptische Spezialität erwähnt.

Es wird als *ḫubz jâbis*[4]) bezeichnet: „trockenes Brot“, etwa unserem „Zwieback“ oder „Biscuit“ entsprechend.[5])

---

[1]) Vgl. auch Kommentar.

[2]) *Lisân* XII, 370; *Ṣiḥâḥ* II, 143; *Muʿarrab* 133.

[3]) DE SACY führt auch das englische Wort „cake“ darauf zurück.

[4]) *Lisân* XII, 370; Ibn Sîda V, 10; *Muʿarrab* 133.

[5]) Vgl. auch SNOUCK HURGRONJE, Mekka II, 199.

Eine nähere Beschreibung gibt WETZSTEIN (ZDMG XI, 1857, „Der Markt in Damaskus" S. 516 f.). Es ist danach ein aus „feinem Weizenmehl meist in der Form von größeren oder kleineren Ringen in einem mäßig erhitzten Backofen mehr langsam gedörrtes als gebackenes Brot".[1]) Nach WETZSTEIN wird es gewöhnlich als Proviant für längere Reisen benutzt, da es „wie der Schiffszwieback nicht verdirbt". Wir finden es daher in älterer Zeit besonders auch als Proviant für die Schiffsmannschaften (Maqrîzî, *Ḫiṭaṭ* I, 465, 88; BECKER, „Papyri Schott-Reinhardt" I, S. 47).[2]) Vor dem Gebrauch wird es in Wasser aufgeweicht.[3])

Muqaddasî S. 205 Z. 13 sagt über die Herstellung des *ka'k:* „Auf dem Lande bäckt man zur Zeit der Ernte so viel, als man fürs kommende Jahr benötigt, dann trocknet (? röstet) man es." Vgl. dazu auch die Anm. 1, wo es *ḫubz muǵaffaf* („getrocknetes Brot") genannt wird.

Maqrîzî *Ḫiṭaṭ* I, 45 oben gibt als Beschreibung des ägyptischen *ka'k: 'inda fallâḥîhim nau'un mina 'l-ḫubzi jud'à ka'kan ju'malu min ǵarîši 'l-ḥinṭati.* Sie lautet also anders als die WETZSTEIN's. Der ägyptische *ka'k* wird aus grobem Mehl hergestellt. Ferner ist er nach Maqrîzî und Muqaddasî das Nahrungsmittel der Landbevölkerung.

Es gibt also zwei verschiedene Sorten *ka'k.* Siehe Näheres bei DE SACY, „Abdallatif" S. 327 f. und DOZY, Suppl. II, 474. Nach MUSIL a. a. O. III, 148 f. bezeichnet *ka'k* heute bei den Beduinen ein Aschenbrot kleinerer Form. Der *ka'k* im nordwestlichen Afrika wird von BEAUSSIER, „Dict. arab - franç."

---

[1]) Vgl. KREMER, „Kulturgeschichte" I, 127: „sultâny, ja ka'k mâl alghadâ ‚Sultansbretzen zum Mittagsschmaus'! ist die Formel des Bretzenhändlers." Siehe auch SPITTA-BEY, „Grammatik des arabischen Vulgärdialektes von Ägypten", Leipzig 1880, S. 494, Nr. 6. Über die dort vorkommende Nebenform *kaḥk* siehe „1001 Nacht" übers. von LANE I, 615 note 47.

[2]) BECKER. übers. nach Maqrîzî *Ḫiṭaṭ* I, S. 45 „Graupenbrot"; s. auch „Papyri Erzherzog Rainer", Führer S. 173, Nr. 661.

[3]) Vgl. WETZSTEIN a. a. O.

S. 593 ähnlich wie der syrische (cf. Wetzstein a. a. O.) beschrieben.

Zu vergleichen ist auch noch „1001 Nacht“, übersetzt von Lane I, S. 71, Anm. 16 und S. 615, Anm. 47[1].)

Ǧardaq.

Ǧardaq und *ǧardaqa*, dialektische Nebenform *ǧarḏaq* und *ǧarḏaqa* (*Lisân* XI, 317; Ibn Sîda V, 6; *Mu'arrab* S. 41 und 51; Ḥar. *Maq.* ed. Rein.-Dérenb. S. 159; Dozy, Suppl. I, 185; *Abulkâsim* ed. Mez, Heidelberg 1902, S. 15 Z. 5), ein Fremdwort aus dem Persischen; auch den Arabern als solches bekannt; *Mu'arrab* S. 51: فارسى معرب واصله كِرْدَه, ebenda S. 41: وهو بالفارسية كِرْدَه, *Lisân* XI, 317: لا اصول فى كلام العرب, ferner Ibn Sîda V, 6; Ḥar. *Maq.* Komment. ed. Beirut 1903, S. 137, ed. Rein.-Déren. S. 159.[2]) Welcher Art dieses Brot ist, ist aus arabischen Lexikographen nicht zu ersehen. Im *Lisân* (XI, 317) wird es als *raǵîf* erklärt, ebenso *Ṣiḥâḥ* II, 72. Nach *Mu'arrab* S. 51 ist es: *al-ǵalîẓu mina 'l-ḫubzi*, also: „grobes Brot“; Wetzstein (in ZDMG XI, 1857 S. 517) beschreibt es als „feines Brot“: „Die *ǧardaqa*, ein dünnes, kaum einen Messerrücken dickes, großes, rundes, in Aprikosenöl (*sîreǧ*) gesottenes und mit bräunlichem *dibs* beträufeltes Weizengebäck . . . .“ Eine Brotart, auf die diese Beschreibung, soweit sie wenigstens die Form betrifft, paßt, gibt es noch heutzutage im Orient.[3]) Auch die Erklärung *raǵîf* im *Lisân* deutet auf ein Brot von runder Form hin. In den von Dozy, Suppl. I, 185 angeführten Belegstellen wird es ebenfalls durch *raǵîf* und durch *ruqâq* erklärt.

---

[1]) Spiro führt nur die Form *kaḫk* an.

[2]) Auch schon von Wetzstein, „Der Markt in Damaskus“, in ZDMG XI, 1857, S. 517 zitiert.

[3]) Mündliche Mitteilung von Herrn Professor Meissner in Breslau. Danach ist es ein flaches, rundes Brot, von ca. 1 m Durchmesser, nicht viel dicker als starkes Papier. Die Leute reißen von diesem lederartigen Gebäck ihrem Bedürfnis entsprechende Stücke ab. Es ist fast ebenso verbreitet, wie das *raǵîf* = Brot und soll sehr schmackhaft sein.

Im Hinblick auf die verschiedene Erklärung durch *ruqâq* und *ġalîẓ* müssen wir annehmen, daß die Bedeutung des Wortes *ǵardaq* in den einzelnen Gegenden verschieden war.[1])

Ruqâq.

Ruqâq und *ruqâqa* (FAF S. 36; Dozy, Suppl. I, 545; *Lisân* XI, 414; *Ṣiḥâḥ* II, 86). Es wird von den Arabern allgemein als *ḫubz raqîq* erklärt (ebenda und z. B. Ḥarîrî, 14. *Maq*. ed. Rein.-Dérenb. S. 159 Kommentar).[2]) *Lisân* fügt noch hinzu: *naqîḍu 'l-ġalîẓi,* es ist also auch aus feinem Mehl hergestellt. Nach der ebenfalls *Lisân* XI, 414 angeführten Erklärung einer Stelle aus dem Ḥadîṯ heißt es: *huwa 'l-'arǵifatu 'l-wâsi'atu 'r-raqîqatu,* was sich sicher sowohl auf Form als auch Zusammensetzung dieser Brotart bezieht. Dies würde ungefähr der von mir oben gegebenen Beschreibung des *ǵardaq* entsprechen. Vgl. auch Dozy, Suppl. I, 185 s. v. *ǵardaq*.[3])

Ṣalîqa.

Ṣalîqa ist nur eine andere Bezeichnung des sonst *ruqâq* genannten Brotes (*Ṣiḥâḥ* II, 98; *Lisân* XII, 74). Auch Lane, Lex. gibt es als Synonymon von *ruqâq* an; er beschreibt es als „a thin, round cake of bread". Neben *ṣalîqa* findet sich die (vielleicht dialektische) Form *ṣarîqa* (*Lisân* XII, 66 und 74 s. v. *ṣalîqa*.).[4])

---

[1]) Im heutigen Ägypten ist dies Wort nicht bekannt (Mitteilung des Lektors). Es fehlt auch bei Spiro.

[2]) Im Kommentar zur 30. *Maqâme* wird es in der Ausgabe Beirut 1903 nur durch *ḫubz* erklärt.

[3]) Im heutigen Ägypten bezeichnet nach Mitteilung des Lektors Zeid Efendi am Seminar für Geschichte und Kultur des Orients in Hamburg *ruqâq* ein dünnes Brot, einerlei, ob aus gutem oder mindergutem Mehl; es ist kein Weißbrot. Wie mir der Lektor weiter mitteilte, nennt man in Ägypten das „Fest der Juden": *'îd ar-ruqâq*.

[4]) Nach Mitteilung des Lektors im heutigen Ägypten nicht bekannt. Das Wort fehlt auch bei Spiro.

Ḥuwwârà.

Ḫubz ḥuwwârà (FAF S. 32, Becker, „Beiträge" I, 67 Z. 21)[1] oder einfach *ḥuwwârà* (als selbständiges Substantiv) bezeichnet eine besonders feine Brotart aus Weizenmehl (*ḥuwwârà* als Bezeichnung für Mehl und die Ableitung des Wortes s. o. S. 38). Nach *Lisân* V, 300 ist es von weißer Farbe[2]) und aus dem feinsten Mehl (*ḥuwwârà*) hergestellt. Vgl. dazu auch den Kommentar zur 19. *Maq.* des Ḥarîrî (Ausg. Beirut 1903 S. 190): *wa-huwa 'l-maṣnû'u min ḫâliṣi 'd-daqîqi.*[3]) In der Maqâme selbst wird diese Brotart: *'abû nu'aimin*[4]) genannt; daß damit *ḥuwwârà* gemeint ist, zeigt Rein.-Dérenb. S. 227: *wa-'abû nu'aimini 'l-ḫubzu 'l-ḥuwwârà.* Der Kommentar bei Rein.-Dérenb. zeigt deutlich, daß es sich um Weizenbrot handelt.

Vgl. auch Muqaddasî ed. de Goeje S. 151 Z. 20 und besonders S. 164 Z. 9: *wa-lâ 'aḥsana wa-'aṭjaba min ḥuwwârâhâ.* An letzter Stelle ist wohl besser حُوَّارَاها zu lesen als حُوَّارِيها; vgl. aber Anm. f. auf S. 164, Dozy, Suppl. I 334 und de Goeje's Bemerkung in Gloss. Geogr. (Bibl. Geogr. arab. Bd. IV) S. 220.

Daß Muqaddasî dieses Wort. im Kap. *'iqlîm aš-šâm* als syrische Spezialität erwähnt, läßt deutlich die Herkunft der Brotart und des Namens erkennen.[5])

Samîd.

Ähnlich wie *ḥuwwârà* bezeichnet auch *samîd*[6]) neben Mehl auch Brot; allerdings meistens in Verbindung mit *ḫubz:*

---

[1]) Es steht dort *al-ḥwldj,* nach Mitteilung des Verfassers aber von de Goeje und Brockelmann in *al-ḥuwwârà* verbessert.

[2]) Ebenso Ḥar. *Maq.* ed. Rein.-Dérenb. S. 227 Kommentar: *al-ḥuwwârà 'ai al-'abjaḍu.*

[3]) Belâḏorî ed. de Goeje S. 342 kommt: *ḫubaizu 'l-ḥuwwârà* vor. Gloss. S. 33 dazu ebenfalls: „panis optima et albissima farina coctus."

[4]) Ebenda S. 224 Text; Beirut 1903, S. 190.

[5]) Vgl. auch Löwy a. a. O. S. 45. Im Modernägyptischen ist das Wort unbekannt (Lektor); fehlt auch bei Spiro.

[6]) s. o. S. 38.

ḫubz as-samîd (z. B. Becker, „Beiträge“ I, 64 Z. 2 und 67, Z. 21), Brot aus dem feinen *samîd*-Mehl, also „Weizenbrot“.[1]) Nach Becker, „Beiträge“ I, 67 Z. 21 ist es von besserer Qualität als das *ḫubz ḥuwwârà*. Aber auch hier gehen die Erklärungen auseinander. Nach einer Belâḏ. Gloss. S. 33 zitierten Stelle aus Qudâma ist es von geringerer Qualität als *ḥuwwârà* und *ḫuškâr*.[2])

Burzuqa.

Burzuqa pl. *barâziq* Dozy, Suppl. I, 71; Wetzstein, „Der Markt in Damaskus“ in ZDMG. XI, 1857 S. 517. Nach Wetzstein, „dünne, mit *dibs* oder Butter bestrichene und mit Sesam bestreute Weizenbrote“. Im *Lisân*, *Ṣiḥâḥ* und bei Ibn Sîda nicht angeführt. Vielleicht ist das Wort mit dem griechischen βήρηκες (βάραξ) zusammen zu bringen, das Höfler, „Der Wecken“ in „Festschrift für Karl Vollmöller“ S. 7 anführt.[3])

Ḫubz ma'rûk.

Ḫubz ma'rûk, Dozy, Suppl. II, 121. Nach Wetzstein, „Der Markt in Damaskus“ in ZDMG. XI, 1857 S. 519: „ein schönes, großes, weißes, 3—4 Finger dickes Gebäck, dessen Zubereitung, da der Teig anhaltend geknetet werden muß, sehr anstrengend ist. Daher hat es auch den Namen *el-ma'rûk*, das stark Geknetete. Seine Oberfläche wird mit dem *ḥabb el bereke*, einem kleinen schwarzen Korn, bestreut, welches durch das Backen des Brotes einen angenehmen Geruch und Geschmack bekommt, den es roh nicht hat.“ Es wird in Damaskus besonders in der Fastenzeit genossen. Literarische Belege kann ich nicht beibringen.[4])

---

[1]) Vgl. auch Löwy a. a. O. S. 45 nebst Anm. 2.

[2]) Im Modernägyptischen kommt *ḫubz as-samid* oder *ḫubz samid* noch vor (allerdings in der Schreibung *samit*, s. o. S. 39 Anm. 1); es wurde mir vom Lektor als *baqsumâṭ* erklärt. Vgl. auch Redhouse, „A turkish and english lexicon“ S. 1079: „A Turkish breadcake of fine flour, shaped like a ring.“ Spiro hat: *samîṭ* (vgl. aber hierzu Spitta a. a. O. S. 18 Anm. 2).

[3]) Im Modernägyptischen unbekannt (Lektor); fehlt auch bei Spiro.

[4]) Im Modernägyptischen unbekannt (Lektor); fehlt auch bei Spiro.

Kumâǧ und kumâǧa.

Kumâǧ und *kumâǧa*, ein Fremdwort aus dem Persischen. „1001 Nacht", Bresl. IV, 143: *kumâǧa;* nach Dozy, Suppl. II, 487 bezeichnet es im Persischen: „une espèce de pain très-blanc, sans levain, ou cuit dans les cendres." Ibn al-Ḥâǧǧ, *Kitâb al-madḫal* III, S. 121 Z. 4: *kumâǧ;* es ist aber nicht mit Sicherheit zu entscheiden, ob es sich hier um „Mehl" oder „Brot" handelt. In letzterem Falle muß es aber nach dem ganzen Zusammenhange Brot sein, das vom Bäcker im Backofen gebacken wird.[1])

Manîna.

Manîna, „1001 Nacht", Bresl. VII 133 = Macn. II, 118: *manînât.* Dozy, Suppl. II, 616 nach Lane, Übersetzung von „1001 Nacht" II, 329 note 102: *manîna*,[2]) „sorte de petit biscuit ou craquelin, fait de fleur de farine avec un peu de beurre". Zu *manîn* vgl. die Erklärung *Mo'all.* ed. Arnold S. 170 Kommentar: *al-manînu 'l-ġubâru 'r-raqîqu.* Also vielleicht: „Sandtorte". An der Stelle in „1001 Nacht" ist es das tägliche Brot christlicher Klosterbrüder.[3])

Šuraik.

Šuraik, „1001 Nacht", Bresl. XI, 56 = Macn. IV, 501: *ḫabaztu laka 'arba'îna kaffa šuraikin;* Dozy, Suppl. I, 753 nach Lane, Übersetzung von „1001 Nacht" III, 640 note 6: „*šuraik* en Egypte, sorte de pain ou de gâteau, faite de pâte fermentée et de beurre fondu, et assaisonné de sésame et d'autres substances aromatiques. Un seul gâteau de cette espèce est nommé *kaff šuraik* parce qu'il a la forme d'une main."[4]) Ich stelle *šuraik* als Deminutiv zu dem Wort, das

---

[1]) Im Modernägyptischen unbekannt (Lektor); das Wort fehlt auch bei Spiro.

[2]) Lane liest: *minîna.*

[3]) Im Modernägyptischen unbekannt (Lektor).

[4]) Vgl. auch Snouck Hurgronje, „Mekka" II, 181.

noch heute bei den Beduinen eine besondere Art des auf dem *ṣâǵ* (s. o. S. 51 Anm. 2) über der Asche gebackenen Brotes bezeichnet, Musil, „Arabia petraea" III, 148 f.: *šrâk, šarakât,* Jaussen, „Coutumes des Arabes" S. 64: *šerâkeh.* In der Beschreibung weichen Musil und Jaussen etwas voneinander ab. Im heutigen Ägypten ist es eine Art Kuchen aus *samîd*-Mehl gebacken, der im Ramaḍân während des Fastens gegessen wird.[1]) Es entspricht also dem *ḫubz ma'ruk* in Damaskus.

Ḫuškunân.

Ḫuškunân (*Mu'arrab* ed. Sachau S. 59; im *Lisân* und *Ṣiḥâḥ* s. v. *ka'k* ders. Vers zitiert), aus dem Persischen, Dozy, Suppl. s. v. *ḫuškunânaǵ*.[2]) Nach Dozy ist es eine Brot- oder Biscuitart in Halbmondform, mit Zucker, Butter und Mandeln gebacken. Dozy führt auch die Formen *ḫuškunânaǵ* und *ḫuškulân* an. „1001 Nacht", Bresl. V, 312 *ḫuškunâna*.[3])

Ḫuškâr.

Ḫuškâr (Belâḏorî Glossar S. 33 s. v. *ḫubz,* Becker, „Beiträge" I, 84 Z. 3),[4]) ebenfalls aus dem Persischen.[5]) Dozy, Suppl. nur: „(pers.) farine de froment grossièrement moulée et criblée". Über *ḫuškâr*-Mehl s. o. S. 38. Es bezeichnet also Brot, das aus *ḫuškâr,* ungesiebtem und grobem Mehl, gebacken ist, also „Kleienbrot"; nach Belâḏ. Gloss. jedenfalls von dunkler Farbe.[6])

---

[1]) Mitteilung des Lektors. Spiro S. 313: Turkish biscuit.

[2]) Vgl. auch Vullers, „Lex. persico-latinum" (panis siccus); de Sacy, „Abdallatif" S. 319.

[3]) Im Modernägyptischen unbekannt (Lektor); das Wort fehlt auch bei Spiro.

[4]) Becker liest *ḫiškâr*; nach Belot, „Vocabulaire arabe-français" kommt diese Nebenform vor.

[5]) Vullers, „Lex. persico-latinum": „farina, e qua furfures non excreti sunt."

[6]) Vgl. übrigens auch Löwy a. a. O. S. 45 nebst Anm. 4: גושקרא „Brot aus Kleienmehl"; גושקרא geht jedenfalls auf dasselbe persische Wort zurück. — Im Modernägyptischen heißt es *kuškâr* und bedeutet „Schwarzbrot" (Lektor). Auch Spiro gibt: *kuškâr.*

Hubz furnî.

Hubz furnî oder auch zur Bezeichnung des einzelnen Brotes *hubza furnijja* wird Ibn Sîda V, 2 Z. 8 (und zwar in dem Kapitel: *aṭ-ṭaʿâmu juʿâlaǧu bi-'z-zaiti wa-'s-samni wa-'s-sukkari wa-'l-ʿasali*) als: *hubzatun musallakatun muṣaʿnabatun tusawwà ṯumma turawwà samnan wa-labanan wa-sukkaran* erklärt, also „ein fadendünnes Brot, in dessen Mitte sich eine Erhöhung befindet“.[1]) Es heißt dort weiter, daß diese Brotart in Syrien in einem dem *kîr az-zaǧǧâǧîn* (dem „Schmelzofen der Glaser“) ähnlichen *furn* hergestellt wird. In dem Kapitel: *aṭ-ṭaʿâmu juʿǧanu wa-juqaṭṭaʿu wa-juhbazu* erklärt Ibn Sîda (V, 17) es nur als: *al-hubzatu tuṭbahu fî 'l-furni* und: *al-hubzatu 'l-mustadîratu 'l-ʿaẓîmatu.* Viel ist hieraus nicht zu entnehmen; es scheint aber, daß es sich um ein Brot handelt, das seiner Größe wegen (vielleicht am besten mit unserem Kommiß- oder Landbrot zu vergleichen) nur in einem *furn* gebacken werden konnte. So stellt SACHAU, *Muʿarrab* S. 49 denn auch *hubz furnî* dem *hubz tannûrî* gegenüber.[2])

Ibn Sîda (V, 10) führt noch in einem besonderen Kapitel: *al-hubzu 'l-jâbisu wa 'l-hanizu* verschiedene Ausdrücke an. Er erklärt alle als *jâbis* „trocken“. Aus der Überschrift des Kapitels und aus einigen Erklärungen geht hervor, daß mit *jâbis* nicht nur „trockenes Brot“ = „Biscuit“, sondern auch „trocken“ = „vertrocknet und alt“ gemeint ist; darauf deutet auch das Wort *haniz* in der Überschrift. Die Ausdrücke sollen mit den Erklärungen nur kurz aufgezählt werden:

1. *hubza nâssa* Erklärung: *jâbisatun* und: *an-nâssu 'llaḏi qad ḏahaba ṭaʿmuhu wa-balaluhu min šiddati 't-ṭabhi mina 'l-hubzi wa-ǵairihi.*

---

[1]) s. FREYTAG, Lex. s. v. *ṣʿnb.*

[2]) Vgl. dazu LÖWY a. a. O. S. 46: „ein größeres Brot, das in einem großen Backofen (פורני) gebacken wurde, wird nach diesem פת פורני genannt.

2. *ḥubza laḥlaḥa* Erklärung: *jâbisatun;*
qurṣ laḥlaḥ Erklärung: *jâbisun; Lisân* XIV, 414: *ḫubzatun laḥḥatun, ḫubzatun laḥlaḥatun, laḥlaḥun . . .. jâbisatun.*
3. *ḫubza rašraša;*
ḫubza rašrâša Erklärung: *'iḏâ kânat jâbisatan riḫwatan*: *Lisân* VIII, 193: *ḫubzatun rašrâšatun wa-rašrašatun riḫwatun jâbisatun,* also: weich und trocken; vermutlich demnach ein frisches Brot.
4. *al-kubunna* Erklärung: *al-ḫubzatu 'l-jâbisatu. Lisân* XVII, 233, Z. 14, nachdem vorher *ikba'anna* („zusammengeschrumpft sein") erklärt ist: *wa 'l-kubunnatu 'l-ḫubzatu 'l-jâbisatu wa 'l-kubunnu 'l-ḫubzu li'anna fi 'l-ḫubzi taqabbuḍan wa-taǧammuʿan.*
5. *ḫubza ʿâšša,* Erklärung: *jâbisatun.*
6. *ḫubz ʿâšim,* Erklärung: *jâbisun.*
7. *ḫubza hašša,* Erklärung: *jâbisatun;* die weitere Erklärung deutet darauf hin, daß es ein frisches Brot ist.
8. *al-ʿasm,* Ibn Sîda nur: *al-qiṭʿatu mina 'l-ḫubzi 'l-jâbisi.* Dagegen hat *Lisân* XV, 295: *wa-'l-ʿasmu 'l-ḫubzu 'l-jâbisu;* daneben hat *Lisân* auch noch dieselbe Erklärung wie Ibn Sîda: *wa-qîla 'l-ʿusûmu kisaru 'l-ḫubzi 'l-jâbisi 'l-qâḥili.*

Ferner Bd. V, S. 7 Z. 2 (Kapitel: *aṭ-ṭaʿâmu juʿǧanu wa-juqaṭṭaʿu wa-juḫbazu*):

9. *ǧâbir ibn ḥabba.* Ibn Sîda nur: *ǧabiru 'bnu ḥabbata . . . . al-ḫubzu,* ähnlich *Lisân* V, S. 185 Mitte und I, 285 Z. 5 s. v. *ḥabb.* Zur Erklärung dieses Ausdruckes vgl. Fleischer, „Kleinere Schriften" Bd. I S. 153. („Kraftgeber, [Frau] Korn's Sohn", d. h. Brot.)
10. *ḫubza zalaḥlaḥa,* Erklärung: *raqîqatun;* vgl. dazu *Lisân* III, 296.

In dem Kapitel: *al-ḫubzu 'l-jâbisu wa 'l-ḫanizu* erwähnt Ibn Sîda noch: *al-qurâmatu wa 'l-qirfu mina 'l-ḫubzi . . . . mâ taqaššara minhu,* also die „Rinde" oder „Kruste"; *Lisân*

XV, 373 Z. 19: *wa 'l-qurâmatu mina 'l-ḫubzi mâ taqaššara minhu wa-qîla mâ jaltaziqu minhu fi 't-tannûri wa-kullu mâ qašartahu ʿani 'l-hubzi fa-huwa 'l-qurâmatu;* nach *Lisân* ist also *qurâma* auch das, was vom Brotteig am Backofen haften bleibt.

Es mögen hier noch einige Benennungen von Brotsorten aufgezählt werden, die Dozy, Suppl. angibt, die ich aber nicht näher beschreiben kann, die man vielleicht sogar eher als „Kuchen“ anzusehen hat:

1. *ḫubz al-'arâmil* (I, 348 s. v. *ḫbz*): espèce de sucrerie, „1001 Nacht“, Bresl. I, 149 Z. 12 (bei Dozy irrtümlich Z. 2).
2. *ḫubz rûmî* (ebenda): biscuit.
3. *maṭlûʿ* (II, 56): pain fait dans un plat.
4. *ḫubz raṭb* (I, 535 s. v. *rṭb.*): pain mollet. Vgl. dazu *Lisân* I, 403: *ar-raṭbu ḍiddu 'l-jâbisi wa 'r-raṭbu 'n-nâʿimu.*
5. *luqma* (II, 545): morceau de pain, nach „1001 Nacht“, Bresl. I, 149 Z. 12: لقمات القاضى; vgl. zu letzterem Socin, „Der arabische Dialekt von Mōṣul und Märdīn“ in ZDMG XXXVII, 1883, S. 214, Nr. 730: „تعالوا على مال القاضى“ ruft in Diärbekr der Verkäufer einer Art Backwerk, welches aus Honig und Mandeln bereitet ist.“

Zur Ergänzung obiger Liste der verschiedenen Brotsorten möchte ich noch anführen: Spitta-Bey, „Grammatik des arabischen Vulgärdialektes von Ägypten“, Leipzig 1880, S. 277, Anm. 1:

„Vom arabischen Brote werden sehr viele Arten unterschieden, die alle ihre besonderen Benennungen haben. Man trennt zunächst das *ʿêš bêty* „hausbackenes Brot“ vom *ʿêš sûqy* „auf der Straße feilgebotenes Brot“. Letzteres zerfällt wieder in folgende Hauptarten: 1. *maġraby,* reinlichste und bestgebackene Art, 2. *ṭâbûny,* im Bäckerofen *ṭâbûne* gebacken, 3. *šawâṭy,* nicht ganz ausgebacken, 4. *ṭabbâqy,* noch schlechter als *šawâṭy,* 5. *meqaddid,* ganz trocken gebacken, 6. *samûly,*

Kommisbrot der Soldaten, 7. *kisre,* hartes Schiffsbrot, wie Schiffszwieback zu zerbrechen. Außerdem gibt es in aufsteigender Linie noch feinere Brote wie *bisâny,* länglich und gewürfelt, *ruqâq,* ungesäuert, *semyt,* Semmel u. a."

Zu diesen verschiedenen Ausdrücken habe ich zum größten Teil auf Grund von Mitteilungen des Lektors für Arabisch (modern-ägyptischer Dialekt) am „Seminar für Geschichte und Kultur des Orients" in Hamburg, Zeid Efendi, folgendes zu bemerken:

1. *maġrabî* auch *'êš bi-lubâb* genannt, ist ein kleines, dickes, rundes, nur wenig abgeplattetes Brot von bester Qualität. Der zu einem Haufen zusammengeballte Teig wird dadurch ein wenig glatt geformt, daß man ein oder zweimal mit der Handfläche darauf schlägt, im Gegensatz zum *raġîf,* bei dem solange mit der Hand darauf geschlagen wird, bis er eine Dicke von nur 1 cm aufweist. Dieses Plattdrücken des Teiges durch Schlagen nannte der Lektor *ḍarb el-ḫubz.*[1])

2. *'êš ṭâbûnî* ist dünn wie ein Stück Papier; es gilt besonders als „Bauernbrot".

3. *šawâṭî* ist von guter Qualität, aber da nur einen Augenblick im Ofen, nur halbgar (*nuṣṣ^e ḫabza*).[2])

4. *ṭabbâqî* gleich *muṭabbaq* auf einem *ṭabaq* oder *ṣâg* gebacken.[3])

5. *muqaddid* ist in Ägypten allgemein bekannt. Es wird zweimal in den Ofen geschoben, entweder an demselben Tage oder nach 2 oder 3 Tagen noch einmal.

6. *samûlî* ist dem Lektor unbekannt.

7. *kisra.* Außer Spitta-Bey gibt auch Stuhlmann, „Ein kulturgeschichtlicher Ausflug in den Aures", *kisra* als Name für eine besondere Brotsorte an (S. 27 „ungesäuertes Brot", S. 60 ebenso, S. 165 „Brot ohne Hefe"; die Beschreibung entspricht der oben erwähnten des *raġîf*). Auch Beaussier,

---

[1]) Vielleicht ist so auch der oben S. 65 besprochene Ausdruck *ḍaraba* zu erklären.

[2]) Bei Spiro fehlt das Wort.

[3]) Bei Spiro fehlt das Wort.

„Dict. arab.-franç.", hat — allerdings ganz allgemein — „pain". Danach scheint es also im westlichen Nordafrika „Brot" zu bedeuten. Das Wort *kisra* habe ich selbst bisher nur als „Stück Brot" belegen können (außer bei den Lexikographen auch z. B. „1001 Nacht", MACN. I, 751 und II, 224 Z. 3; auch MACN. I, 10 scheint *kisra* nur „Stück Brot" zu bedeuten). Der Lektor kennt ebenfalls *kisra* nur in der Bedeutung „Stück Brot". Ferner schreibt mir Herr Prof. HESS in Kairo über *kisra* folgendes: „Wenn BURCKHARDT (Beduinen 46) sagt, Brot heiße im beduinischen Dialekte gewöhnlich *dschisre* (!), so beruht dies auf einem Mißverständnis. *el-tsisre,* d. i. كسرة (Dialekt der Ghatân), *el-kisre* pl. *él-ksar* (Dialekt der ʿÔtâbe) heißt ein Stück von irgend etwas, *kisret gyrṣ* (Dialekt der ʿÔtâbe) ist ein ‚Stück Brot'". Auch MITTWOCH, „Abergläubische Vorstellungen und Bräuche der alten Araber" (S. A. aus d. „Mitt. d. Sem. f. orient. Spr." Bd. XVI, 1913 Abt. II: Westasiat. Stud.) S. 11 Z. 1 übersetzt *kisra* durch „Stück Brot". Vgl. ferner dazu auch das Wort *kusaira* in dem Gedichte in „Delectus veterum carminum Arabicorum" ed. NOELDEKE S. 25 Vers 5, das A. MÜLLER im Glossar auch mit „fragmentum panis" und „frustrum panis" übersetzt.

Ebenso wie das Mahlen, ist auch das Backen ursprünglich Frauen- und Sklavenarbeit gewesen, aus denselben Gründen, die wir oben über die Müllerei angeführt haben. Auch die Bäckerei tritt erst sehr spät als ein selbständiges Gewerbe auf. Im islamischen Mittelalter, und bis auf den heutigen Tag ist es so geblieben,[1]) wird zum großen Teil das Brot im Hause selbst hergestellt.

Beim Bäckergewerbe ist, wie schon kurz oben bemerkt, zu unterscheiden zwischen dem *ḫabbâz* und dem *farrân.* Es handelt sich hier um zwei verschiedene, vollkommen voneinander getrennte

[1]) So berichtet z. B. Graf VON MÜLINEN, „Beiträge zur Kenntnis des Karmels" in ZDPV XXX, 1907, S. 162, daß auf dem Lande noch in jedem Haushalt für den eigenen Bedarf gebacken wird, und daß sich erst in jüngster Zeit in einigen Dörfern Berufsbäcker niedergelassen haben.

Gewerbezweige, den „Backofenbesitzer“ und den eigentlichen „Bäcker“ in unserem Sinne.[1]) Der *farrân* ist, wie der Ausdruck schon sagt, der Eigentümer[2]) des *furn* und dessen Geselle. Die *'afrân* sind, wie schon oben erwähnt, die öffentlichen Backöfen, die an öffentlichen Plätzen über die Stadt verteilt[3]) der gesammten Bevölkerung zur Verfügung stehen. Diese Einrichtung findet sich in der ganzen islamischen Welt.[4]) Die Tätigkeit des *farrân* beschränkt sich lediglich darauf, den ihm übergebenen Teig zu einem vorher festgesetzten Preise in einem solchen *furn* auszubacken.[5]) Der Teig selbst wurde im Hause angerührt und dann von den Frauen oder Sklavinnen selbst dem *farrân* überbracht,[6]) oder man ließ ihn, ebenso,

---

[1]) Es ist schwer, im Deutschen den Unterschied durch zwei besondere Ausdrücke hervorzuheben. Behrnauer, „Institutions de police chez les Arabes etc.“ in „Journ. asiat.“ 1860, II unterscheidet S. 368 f. zwischen „Inspection des boulangers“ und „Inspection des possesseurs des fours“. Wenn diese Ausdrücke auch nicht die richtige Bedeutung wiedergeben (der *ḫabbâz* ist manchmal auch „Backofenbesitzer“), so habe ich doch die Übersetzung Behrnauer's übernommen. Die inhaltliche Bedeutung der Ausdrücke *farrân* und *ḫabbâz* wird sich aus meiner Darstellung von selbst ergeben. Ich möchte nur noch erwähnen, daß im islamischen Orient viel genauer zwischen den einzelnen Gewerbezweigen unterschieden wird als bei uns; vgl. z. B. Behrnauer a. a. O. S. 372: „Inspection des bouchers qui égorgent les bêtes, et de ceux qui les dépècent et vendent la viande.“

[2]) Bei Ibn al-Ḥâǧǧ stets: *ṣâḥibu 'l-furni.*

[3]) Behrnauer a. a. O. S. 370.

[4]) Vgl. z. B. für Medina: Wüstenfeld, „Geschichte der Stadt Medina“ S. 98; für Syrien: Wetzstein in „Zeitschr. für Ethnologie“ XIV, 1882, S. (467) Anm. 2, ders. in ZDMG XI, 1851, S. 480; für Ägypten: Lane, „Sitten und Gebräuche“, deutsch von Zenker, 2. Ausg. II, S. 150, „Descr. de l'Eg.“ XII, 431; für Tunis: Schurtz, „Das Basarwesen als Wirtschaftsform“ in „Zeitschrift für Sozialwissenschaften“ Bd. IV S. 162, für Marokko: Lenz, „Timbuktu“ Bd. I. S. 258.

[5]) Ibn al-Ḥâǧǧ a. a. O. III, 117 f.; Behrnauer, a. a. O. S. 370.

[6]) Ibn al-Ḥâǧǧ III, 119 Z. 23; Schurtz a. a. O. S. 162; Martin, „Les Bazars du Caire“ S. 61 u. 83; Lane a. a. O. II, 150; Riehm a. a. O. I, 140; Neumann, „Die heilige Stadt und ihre Bewohner“ (Hamburg 1877) S. 432. — Vgl. auch das Sprichwort „Arabum proverbia“ ed. Freytag III, Nr. 1777: *ṭabaqu 'aǧinin mina 'd-dâri li 'n-nâri.*

wie wir es beim Müller gesehen haben, durch den Bäckerjungen abholen und als fertig gebackenes Brot wieder zurückbringen,[1]) wodurch sich der Preis, wie gesagt, erhöhte.[2]) Der Teig wurde dem *farrân* in Schüsseln fertig geformt überbracht, von ihm auf einer neben dem *furn* stehenden Bank niedergesetzt,[3]) und die Kunden wurden dann in der Reihenfolge, wie sie sich einstellten, vom Bäcker bedient.[4]) Um eine Verwechslung der Brote verschiedener Leute zu verhindern, war es üblich, den geformten Teig schon vor Ablieferung an den *farrân* mit einem Stempel zu versehen.[5]) Diese Stempel sind meistens aus Ton in der Form eines kleinen Tellers, zirka 8 cm im Durchmesser. Sie sind mit allerlei Figuren versehen; auch tierische und pflanzliche Darstellungen kommen darauf vor. Manche von ihnen zeigen Namen oder die Inschrift: *kul hanî'an.*[6]) Gewiß haben derartige Stempel gleichzeitig auch zur Verzierung gedient. Der Lohn für das Ausbacken des Teiges wurde dem *farrân* gleich bar ausgezahlt, oder es wurde, ebenso wie beim Müller, nach vorher abgeschlossenem Vertrage monatlich mit ihm abge-

---

1) Ibn al-Ḥâǧǧ III, 120 Z. 8 f.

2) Schurtz a. a. O. S. 162.

3) Ibn al-Ḥâǧǧ III, 119 Z. 14.

4) Ebenda Z. 28; „Descr. de l'Eg." XII, 431.

5) Behrnauer a. a. O. S. 371. Etwas ähnliches gab es auch bei den Hebräern, cf. Löwy a. a. O. S. 25: „wenn man die Brote in ein öffentliches Backhaus schickte, so kennzeichnete man sie, um evtl. Verwechselungen vorzubeugen, durch Aufkleben von Steinchen, Feigenbohnen und dgl. Oder man ließ am Gebäck selbst ein längliches Streifchen Teig herausstehen." So wird es anfangs wohl auch bei den Arabern gewesen sein; später hat man wahrscheinlich Zeichen in den Teig eingeritzt, bis man schließlich zu den oben beschriebenen Stempelmarken übergegangen ist. Der Name für diese Stempel ist *rašm,* was Ibn Sîda V, 6 Z. 19 als: *ḫâtamu 'ṭ-ṭa'âmi* erklärt (ferner ebenda Z. 20: *wa-rašmu kulli šai'in 'alâmatuhu; Lisân* XV, 134 ebenso).

6) Beschrieben nach einigen Exemplaren im Besitze des „Seminars für Geschichte und Kultur des Orients" in Hamburg.

rechnet.[1]) Der *farrân* war natürlich verpflichtet, das Brot genau der Vorschrift des Auftraggebers entsprechend zu backen; geschah dies nicht, war z. B. das Brot durch seine Unvorsichtigkeit verbrannt, so konnte von ihm Schadenersatz gefordert werden.[2]) Erwähnt werden muß noch, daß der *furn* den Leuten auch zum Backen und Braten von anderen Speisen, z. B. zum Rösten von Fischen zur Verfügung stand. (Behrnauer a. a. O. S. 371).[3])

Brothändler ist der *farrân* im islamischen Mittelalter nie gewesen, das war der *ḫabbâz*.

Der *ḫabbâz* ist derjenige, der Brot für den Verkauf auf dem Markte entweder selbst bäckt oder backen läßt. Ibn al-Ḥaǧǧ[4]) nennt ihn im Gegensatz zum *farrân*: *allaḏí ja'malu 'l-ḫubza li-'s-sûqi* („derjenige, der Brot für den Markt herstellt"). Daneben bezeichnet der Ausdruck überhaupt jeden, der sich mit Brothandel befaßt.

Der *ḫabbâz* kauft selbst das Mehl beim Müller ein,[5]) rührt den Teig zu Hause selbst an, knetet und formt ihn[6]) und übergibt ihn dann dem *farrân* zum Ausbacken.[7]) Das fertige Brot bringt der *ḫabbâz* dann auf dem Markte zum Verkauf. Seine eigentliche Tätigkeit beschränkt sich also hier nur darauf, den Teig herzustellen. Aus Ibn al-Ḥâǧǧ III, S. 121 Z. 24 f. läßt sich schließen, daß ein bestimmtes

---

[1]) Ibn al-Ḥâǧǧ III, 119 Z. 31 f. Die Ausdrücke dafür sind *ḫubz an-naqd* („Brot auf Barzahlung") und *ḫubz al-mušâhara* („Brot auf Monatsrechnung"), und dementsprechend für die Eigentümer des Brotes *ṣâḥib an-naqd* und *ṣâḥib al-mušâhara*.

[2]) Ibn al-Ḥâǧǧ III, 118.

[3]) Vgl. auch Graf von Mülinen in ZDPV XXX, 1907, S. 165: „Geröstetes Fleisch wird im Dorfe im Backofen . . . hergestellt."

[4]) III, 120 Z. 12. In Z. 13 wird der *ḫabbâz* dem *ṣâḥib aṭ-ṭâḥûn* und dem *ṣâḥib al-furn* gegenübergestellt. Vgl. auch Dozy, Suppl. II, 262. — Daraus geht deutlich hervor, daß *farrân* und *ḫabbâz* zwei verschiedene Gewerbezweige sind.

[5]) a. a. O. III, 120 Z. 19.

[6]) Ebenda Z. 22 f; Behrnauer a. a. O. S. 369.

[7]) Ebenda 120 Z. 14; 121 Z. 24.

Gewicht Teig nach dem Ausbacken durch das Schwinden eines Teiles der Feuchtigkeit ein ganz bestimmtes Gewicht Brot liefern mußte. Es war dem Auftraggeber dadurch die Möglichkeit gegeben, nachzuprüfen, ob der *farrân* den ihm gegebenen Auftrag auch in ordentlicher Weise erledigt hatte.

Später aber übernimmt der *ḫabbâz*, zumal in größeren Orten und größeren Betrieben, auch das Backen selbst, indem er selbst in seinem *dukkân*[1]) einen Backofen, einen *ṭâbûn*, errichtet und nicht mehr seinen Teig dem *farrân* zum Ausbacken bringt. Er verkauft das Brot dann sofort in seinem Laden[2]) oder schickt auf Bestellung seinen Kunden auch das Brot ins Haus.[3]) Wie es in einem solchen Bäckerladen zugeht, davon hat uns Wetzstein[4]) ein lebhaftes Bild entworfen: „in den bis 6 Ellen weiten Bogenfenster steht eine lange, breite Tafel, auf welcher unaufhörlich jene kleinen, gelben Brotkuchen, unmittelbar aus dem Ofen kommend, noch dampfend uud einen angenehmen Geruch verbreitend, aufgeschichtet und ebenso rasch unter großem Tumult vergriffen werden .... Und drinnen durch das weite Fenster sieht man die Bäcker kneten und wirken und einschieben und herauslangen mit einer Emsigkeit, die man in Europa nicht kennt, und dazwischen hört man des Meisters Worte: Jallâh, jâ ûlâd, eṣ-ṣubḥ ḳaṣîr, eś śuġl keṯîr, Munter, ihr Knaben! Der Morgen ist kurz, der Arbeit viel!" Ähnliche Bilder finden wir auch in den Erzählungen der „1001 Nacht".[5]) Eine Abbildung einer Bäckerei gibt „Descr. de l'Eg." Pl. X. Verkauft wurde das Brot nach Gewicht.[6]) Bei der Vorliebe der Orientalen für frisch-

---

[1]) Über die Bedeutungsentwickelung des Wortes *dukkân* siehe de Sacy, „Abdallatif" S. 304 u. 386; Dozy, Suppl. I, 454; Fränkel, A. F. S. 188; Becker in „Der Islam" I, 1910, S. 97.

[2]) „1001 Nacht" Bresl. XI, 45 = Macn. IV, 495.

[3]) Ebenda Bresl. XI, 56 = Macn. IV, 501.

[4]) „Der Markt in Damaskus" in ZDMG XI, 1857, S. 481 u. 483.

[5]) Bresl. IX, 317 = Macn. III, 197; Bresl. XI, 45 = Macn. IV, 495.

[6]) Ibn al-Ḥâǧǧ a. a. O. III, 121 Z. 25; Behrnauer, in „Journ. asiat." 1860 II, 120; Becker, „Beiträge" I, 64 f; ders. in „Der Islam" I, 1910, S. 94.

gebackenes, noch warmes Brot mußte der Bäcker, um einen guten Preis zu erzielen, versuchen, das Brot sofort, nachdem es aus dem Ofen gekommen war, zu verkaufen. War es bereits abgekühlt, so mußte er den Preis bedeutend herabsetzen, um überhaupt noch einen Käufer dafür zu finden.[1]) Daneben wird sich der *ḫabbâz* auch darauf eingelassen haben, ihm überbrachten Teig auszubacken. — Der Backofen im *dukkân* läßt aber nur das Backen von kleineren Brotsorten zu, für größere, die unter dem Namen *ḫubz furnî* in den Handel gebracht werden, bleibt er selbst auf die Dienste des *farrân* angewiesen.

Ein Teil des Brothandels lag ferner in den Händen fliegender Händler,[2]) die dann durch allerlei rätselhafte Ausrufe ihre Waren in den Marktstraßen anpriesen.[3]) Sie waren vermutlich zum größeren Teile nur Zwischenhändler. Am Straßenhandel beteiligten sich auch Frauen,[4]) und zwar ist dies wohl so zu denken, daß sie mehr, als der Hausbedarf erforderte, buken oder backen ließen und diesen Überschuß an Brot dann auf dem Markte gegen einen möglichst hohen Preis loszuwerden versuchten. Die Brothändler hatten dann manchmal auch noch eigene Buden *(ḥawânît)* auf dem Markte; auch als Besitzer dieser Buden finden wir Frauen.[5]) Eine eigene Ofenanlage dürfen wir für diese Buden aber kaum annehmen.[6]) — Es war außerdem natürich nicht ausgeschlossen, daß ein Besitzer eines *dukkân* mit

---

[1]) Behrnauer a. a. O. II, 120.

[2]) Lane a. a. O. II, 151; Schurtz a. a. O. S. 162.

[3]) Verschiedene derartige Ausrufe sind angegeben bei Kremer, „Kulturgeschichte" I, 127 und Wetzstein a. a. O. S. 516 f.

[4]) „1001 Nacht" Bresl. XII, 263; vgl. auch Löwy a. a. O. S. 8.

[5]) „1001 Nacht" Bresl. VIII, 279 = Macn. II, 444 Z. 8. (Hier ist es eine *ǧârijja naṣrânijja)*; Lane a. a. O. I, 208.

[6]) „1001 Nacht" Bresl. VIII, 279 = Macn. II, 444 heißt es nur: *tabi'u 'l-ḫubza,* nicht: *taḫbizu 'l-ḫubza.* Allzuviel Gewicht darf man aber in diesem Falle kaum auf das Wort legen. — Anders war die Sache bei den Hebräern. Dort betrieben nach Löwy a. a. O. S. 8 die Frauen die Bäckerei auch in größerem Maße.

einem *ṭâbûn* noch irgendwo anders in der Stadt einen Laden (als Filialgeschäft) nur zum Verkauf seines Brotes hatte.[1])

Müller- und Bäckergewerbe wurden zu einem großen Teil auch von Christen ausgeübt. Darauf weist „1001 Nacht", Bresl. VIII, 279 (= Macn. II, 444) hin. Ferner warnt Ibn al-Ḥâǧǧ a. a. O. III, S. 116, Z. 17 f. seine moslimischen Brüder davor, bei Juden und Christen Mehl zu kaufen.[2])

---

[1]) Über Filialgeschäfte der Bäcker bei den Hebräern s. Löwy a. a. O. S. 8; vgl. auch Stöckle, „Spätrömische und byzantinische Zünfte", S. 47.

[2]) Im heutigen Ägypten wird die Bäckerei nach Martin, a. a. O. S. 76 besonders von Griechen betrieben.

Nachträge.

S. 8 Z. 13

Modernägyptisch *raḥâja*.

S. 11 Z. 2

luhwa kommt (in der Aussprache *lihwe*) noch heute in gleicher Bedeutung vor. Herr Prof. Hess teilt mir freundlichst folgendes mit: „*el-lihwe* ‚die Hand voll Getreide, die zwischen *él-karab* auf die Mühle geschüttet wird‘; bei größeren Mühlen gibt man *lihwetên* ‚2 Hand voll‘ darauf.“ Zu *el-krube* pl. *el-karab* vgl. S. 10, Anm. 3.

S. 18 Z. 3

Auch Ibn Sîda XIII. 50 gibt *ṭaḥḥâna* an.

S. 26 Z. 20ff.

Andererseits ist aber die bei Wiedemann, „Beiträge“ VI, 42 angeführte Bemerkung des Ibn al-ʿAuwâm zu beachten, nach der „das Mehl, das mit Wassermühlen erhalten wird, demjenigen vorzuziehen ist, das mit solchen, die von Tieren bewegt werden, gewonnen wird.“ Daß bei den Tiermühlen die Gefahr besteht, daß das Getreide nicht gleichmäßig zermahlen wird, darauf deutet auch Jbn al-Ḥâğğ a. a. O. III S. 113, Z. 3 hin.

S. 35 Anm. 1

Auch Spitta-Bey a. a. O. S. 504 Nr. 142 und S. 511 Nr. 229 hat die Form *ġurbâl*.

S. 38 Z. 13

Wie mir Herr Dr. Graefe freundlichst mitteilt, wird als Synonymon zu *semît* heutzutage in Aegypten auch *sinn* gebraucht. Vergl. dazu Spiro a. a. O. S. 292: *ʿêš sinn* „*coarse bread.*“

S. 47 Z. 9 und Anm. 3

Wie mir Herr Geheimrat Stuhlmann freundlichst mitteilt,

werden auch in Tunis die ungesäuerten Brote (der Juden) *fteira* genannt.

S. 48 Anm. 3

Vgl. ferner Falls, „Drei Jahre in der lybischen Wüste" S. 207 (F. nennt das Brot der dortigen Beduinen „mazzenartig").

S. 50 Anm. 1

Vgl. ferner Falls a. a. O. S. 207.

S. 52 Anm.

Ferner teilt mir Herr Professor Hess noch folgendes mit: „Bei den Aulâd ʿAlî westl. von Alexandrien wird das Brot auf einer ovalen Tonplatte (mit Rand), die auf drei Steine gelegt wird, gebacken. Man feuert unter diese Platte. Der Teig wird frei darauf gelegt. Diese Tonplatte heißt *et-tāǵûn*, plur. *et-towāǵîn* (mit ت, wie ich nachkontrolliert habe, trotz des طاجون von Dozy und des griechischen ταγηνον, nach dem ein ṭ (ط) zu erwarten ist)."

S. 62 oben

Ḫwârizmî ed. van Vloten S. 116 Z. 6ff. wird *furn* folgendermaßen erklärt: *wa-huwa tannûrun ḍaḫamun juḫbazu fîhi*, also als „großer" oder „weiter" Ofen.

S. 67 Z. 23

Das Wort *ḫubz* kommt schon im Qorân vor (Sûre XII, 26).

S. 75 Z. 23ff.

Laut Mitteilung von Herrn Geheimrat Stuhlmann unterscheidet man in Nefta (Tunis) beim Weizenbrot *ḫubz smîd* (rundes weißes Brot) und *ḫubz qmaḥ* (rundes dunkles Brot).

S. 77 Z. 20ff.

Vgl. auch den Ausdruck الخبز المشرك bei Dozy, Suppl. I, 753 a.

S. 78 Anm. 6

Modernägyptisch auch *kiškâr*, vgl. Spitta-Bey a. a. O. S. 511 Nr. 232.

S. 79 Z. 5

Ähnlich wird *ḫubz furnî* erklärt bei Ḫwârizmî, ed. van Vloten S. 166 Z. 6ff.: *hija ḫubzatun ǵalîẓatun mušakkalatun muṣaʿnabatun tušauwà ṯumma turawwà labanan wa-samnan wa-sukkaran.*

S. 81 Z. 24ff.

Über die Brotarten im heutigen Palästina vgl. Graf von Mülinen in ZDPV. XXX, 1907, S. 164:

„Das Brot (*chúbiz*, als Einzelstück *rghīf*) wird meist aus *qamḥ* (Korn, d. h. Weizen) bereitet, und zwar zählt man bei den Bauern folgende Brotarten: *Chúbiz chāmir*, das gewöhnliche gesäuerte Brot, ist ein dickerer Fladen, während die papierdünnen, zarten, von den Städtern *marqūq* genannten Fladen bei den Fellāchen *ʿāwīṣ* heißen. *Kmädsch* sind runde dickere Kuchen; die gleiche Form wird, wenn dem Teig etwas Öl zugesetzt wird, *melāṭīṭ* genannt. An Festtagen wird dem Teig auch Milch beigemengt zur Herstellung von Kuchen (*kaʿk*) und Kringeln (*zarad*). Sehr begehrt ist der *fṭīr*, der aus verschiedenen mit Butterfett (*semen*) durchtränkten Schichten von *ʿāwīṣ* besteht und in der Stadt noch Zwischeneinlagen von gehacktem Fleisch, Zwiebeln und Pinienkernen enthält. Aus Gerste und Durra stellen die Ärmeren ihre *karādīsch*, Kuchen in der Form des *kmädsch*, her.“

(Die Ausdrücke *ʿāwīṣ*, *melāṭīṭ*, *zarad* und *karādīsch* sind in den angegebenen Bedeutungen in den Lexicis nicht angeführt.)

S. 84 Z. 10ff.

Daß dies auch noch heute geschieht, darauf deutet wohl das ZDPV XXX, 1907, S. 162 erwähnte Sprichwort hin: „*ʿaṭī chubzak lil-chabbāz, wain yōkul nuṣṣu* (gib deinen Teig dem Bäcker, wenn er auch die Hälfte verzehrt).“

S. 85 Z. 10ff.

Laut persönlicher Mitteilung von Herrn Geheimrat Stuhlmann werden in Tunis heutzutage z. B. in Tozeur, wo nur noch 2—3 Familien das Brot zu Haus herstellen, mit den Fingern Marken in den Teig gedrückt, in Nefta der Teig mit dem Ende eines Stecken, in den einige Kerben eingeschnitten sind, gestempelt. In Hammamet wird der Teig entweder mit einem Hausschlüssel oder einer Gewürznelke bezeichnet; regelrechte Brotstempel sollen dort fast völlig außer Gebrauch gekommen sein.

Wörterverzeichnis.[1]

[1]) Die aus europäischen Werken zitierten Wörter sind in der dort gebrauchten Transskription aufgeführt. Der * bedeutet: Anmerkung auf der betreffenden Seite.

Inhaltsverzeichnis.

Zeitfracht Medien GmbH
Ferdinand-Jühlke-Straße 7
99095 Erfurt, Deutschland
produktsicherheit@kolibri360.de